Philosophie erzählt

Band 7

Reinhard Wilczek

Übungen der Einsamkeit

Eine philosophische Gebrauchsanweisung

VERLAG KARL ALBER

Onlineversion
Nomos eLibrary

Die Deutsche Nationalbibliothek verzeichnet diese Publikation in der Deutschen Nationalbibliografie; detaillierte bibliografische Daten sind im Internet über http://dnb.d-nb.de abrufbar.

ISBN 978-3-495-99792-5 (Print)
ISBN 978-3-495-99793-2 (ePDF)

1. Auflage 2023

Besuchen Sie uns im Internet
verlag-alber.de

Inhaltsverzeichnis

»Wahrscheinlich geschieht in der Einsamkeit mehr Gutes als in der Welt.«

Johann Georg Zimmermann

In memoriam JD

1. Einsamkeit als eine Grundstimmung unseres Daseins – Ein Vorwort

In seiner Freiburger Vorlesung aus dem Wintersemester 1929/30 sagt Heidegger, dass der Mensch in der »Vereinsamung… [zu] allererst in die Nähe zum Wesentlichen aller Dinge gelangt, zur Welt.«[1] Einsamkeit meint also nach dem Freiburger Philosophen, dass der Mensch in seiner Endlichkeit als Einzelner, als Einsamer vor die Welt gestellt ist und erst in dieser Vereinzelung gegenüber der Welt, in dieser existenziellen Situation des Alleinseins erkennt, wer er ist und was die Welt (ihm) ist. Für Heidegger artikuliert sich in der Einsamkeit eine Grundstimmung unseres Daseins, von der wir zuweilen ergriffen werden und in der wir die Möglichkeit gewinnen, etwas Wesentliches von uns und der Welt zu verstehen.

Diese Grundstimmung der Einsamkeit hat auch mich existenziell erfasst, als am 25. September 2021 mein Onkel gestorben ist; er ist fast 100 Jahre alt geworden und war nach dem frühen Tod meines Vaters für über 30 Jahre mein Freund, mein Mentor und meine väterliche Bezugsperson. Sein ungewöhnlich langes, den Menschen zugewandtes und bis zuletzt geistig waches Leben ist nicht nur ein erfülltes Leben gewesen, es ist auch – über weite Strecken – ein Leben gewesen, das sich in der Einsamkeit vollzogen hat. Und zwar in einer Einsamkeit, die teilweise selbst gewählt, teilweise aber auch durch die Umstände der Situation und der Zeit erzwungen wurde. Dass dieses Leben so lange währte und auch bis zum Schluss voller Vitalität blieb, hängt für mich wesentlich mit der Fähigkeit zusammen, immer wieder auch einsam sein zu können und einsam sein zu wollen. Sein Tod greift für mich und mit Heidegger die Frage nach der Einsamkeit auf, was sie ist, welche Bedeutung sie für den Menschen hat, welche Bedeutung sie für unser Dasein hat, welche Bedeutung sie für mich hat.

Zugleich stellt sich damit auch die Frage, in welchen Zeitdimensionen, genauer, zu welchen Zeitpunkten und in welchen Zeiträumen den Menschen Einsamkeit erfasst und welche existenziellen, biographischen Prägungen mit diesen Einsamkeitserfahrungen verbunden sind: Die Einsamkeit unserer Kindheit und Jugend ist eine andere als die der mittleren oder der späten Jahre. Einsamkeit wird dabei hier stets mit Existenz zusammengedacht, was sich bereits in der gewählten Schreibweise artikuliert, die statt »existentiell« immer »existenziell« wählt, weil ausdrücklich Existenz mitgemeint und mitgedacht wird.

Wenn man heute über Einsamkeit spricht, dann redet man meistens über einen pathologischen Zustand. Einsamkeit ist im 21. Jahrhundert zu einem der größten gesellschaftlichen Übel weltweit geworden. Bereits 1983, also vor fast 40 Jahren, stellte Odo Marquard in einem Vortrag für den SFB fest: »Die Einsamkeit ist – scheint es – zunehmend zum Zeitleiden geworden, zur großen Last und Qual, die in wachsendem Maße um sich greift. Sie gehört – scheint es – in der modernen und gegenwärtigen Welt zu den repräsentativsten Lebensübeln: Wir leben im Zeitalter der Einsamkeit.«[2] 35 Jahre später titelt ein Leitartikel der Zeitschrift *Cicero*, dass Einsamkeit »die tödliche Epidemie der Moderne« sei und der bekannte Neurowissenschaftler und Psychiater Manfred Spitzer bezeichnet in seinem 2018 erschienenen Bestseller Einsamkeit als eine »unerkannte Krankheit«. Die uns momentan bedrohende Corona-Pandemie hat das Phänomen noch beträchtlich verstärkt und wird vermutlich selbst nach ihrem – hoffentlich nahen! – Ende für eine andauernde Verschärfung der Situation sorgen.

Einige Zahlen, die in den letzten zwei Jahren durch die Medien wandern, können diese Zunahme der pathologisch bewerteten Einsamkeit veranschaulichen: Nach einer 2018 von dem amerikanischen Versicherungskonzern Cigna in Auftrag gegebenen Umfrage fühlen sich 46 % aller Amerikaner einsam.[3] In Deutschland zeigen sich ähnliche Entwicklungen: Eine Studie des sogenannten sozio-ökonomischen Panels (SOEP) aus dem Jahre 2020 zeigt, dass »die Corona-Pandemie einen erheblichen Anstieg der Einsamkeit zur Folge [hat]«.[4] Und die 2018 veröffentlichten Ergebnisse des BBC loneliness experiment untermauern die Theorie, dass sich gerade in der Gruppe der 16 bis 24-Jährigen die meisten einsamen Menschen befinden – etwa 40 %.[5]

Demgegenüber ist aus meiner Sicht diese Pathologisierung von Einsamkeit ein (vermutlich notwendiger) zivilisatorischer Reflex auf die zunehmende Unfähigkeit des Menschen, mit Einsamkeit umzugehen; ja, mehr noch: zu begreifen, dass Einsamsein eine notwendige Voraussetzung dafür ist, menschliches Dasein erfolgreich zu bewältigen und zu gestalten. Der Mensch des 21. Jahrhunderts wird zunehmend unfähiger, mit seinen Gedanken, mit seiner Körperlichkeit, mit seinen Mängeln, mit seinen Empfindungen, mit seinen Wünschen und seinen Obsessionen alleine zurechtzukommen.

Was frühere Generationen souverän in ihren Lebensvollzug integrieren konnten, haben viele von uns heute verlernt oder nie gekonnt: Einsamkeit als eine Grundstruktur unseres Daseins zu begreifen und zu nutzen, um unser Dasein zu erhellen und zu erhöhen. Wir müssen wieder lernen, mit der Einsamkeit umzugehen, uns in ihrem guten Gebrauch zu üben. Einsamkeit, das Einsamsein ist kein Wert an sich, sondern eine Praxis, die gelernt und beherrscht werden will. Insofern beschreibt dieser Essay nicht nur philosophische Übungen der Einsamkeit, sondern seine literarische Genese und schriftsprachliche Materialisierung ist für mich selber eine wundervolle Übung der Einsamkeit gewesen, die für mein Dasein bereits jetzt, ungeachtet einer wie auch immer gearteten Aufnahme durch die Lesenden, reiche Früchte getragen hat.

2. Was ist Einsamkeit?

Den Exerzitien der Einsamkeit müssen zunächst einige Reflexionen vorangehen, um überhaupt über die Herkunft und das Wesen der Einsamkeit Klarheit zu gewinnen. Und in der Tat scheint die Frage, was denn Einsamkeit überhaupt ist, schwieriger zu beantworten, als viele glauben. Bei der begleitenden intensiven Lektüre zu diesem Buch sind mir eine Fülle von Definitionen, Synonymen, verwandten und anverwandten Begriffen und vor allen Dingen Unschärfen und Widersprüche begegnet. Mit dem vorliegenden Essay ist nicht die Absicht verbunden, alle diese Unschärfen zu beseitigen; das erscheint mir ohnehin unmöglich, weil der Begriff eine gewisse Weite und Vieldeutigkeit hat, die charakteristisch für ihn ist und vermutlich auch bleiben wird. Was aber hier geleistet werden kann und muss, ist, zu klären, welches gegenwärtige oder alltägliche Verständnis von diesem Begriff vorherrscht und was man selber unter ihm verstanden haben will. Daneben versteht sich dieses Essay auch als eine Analyse der Begriffsgeschichte von Einsamkeit, in der die Entstehung und Entwicklung des Terminus ein Stück weit aufgeklärt werden soll.

Einsamkeit als Begriff ist gegenwärtig zu einem Schlagwort kulturkritischer, psychosozialer und (populär-)wissenschaftlicher Diskurse aller Schattierung geworden. Die vorherrschende Prägung des Terminus in diesen Diskursen ist eine negative: Einsamkeit wird als ein pathologischer, krankmachender Zustand begriffen. Einige Wissenschaftler, wie etwa Manfred Spitzer, gehen sogar noch weiter: »Einsamkeit ist nicht ›nur‹ ein Symptom, d.h. ein Krankheitszeichen, sondern sie ist selbst eine Krankheit!«[6] Den meisten dieser Diskurse liegt das folgende, von Svendsen formulierte, Verständnis von Einsamkeit zugrunde: »Einsamkeit ist... eine gefühlsmäßige Reaktion darauf, dass das Bedürfnis einer Person nach Bindung zu anderen nicht befriedigt ist.«[7]

Mit dieser Definition fangen die Schwierigkeiten allerdings schon an. Mit Svendsen muss man nämlich feststellen, dass diese gefühlsmäßige Reaktion bei jedem von uns ganz unterschiedlich ausfällt. Wenn wir uns eine Skala unterschiedlicher Gefühlsqualitäten von Einsamkeit bezogen auf ein subjektiv empfundenes Ereignis vorstellen, dann reicht diese von einem »extremen, krank machenden Einsamkeitsgefühl« zu einem »sehr starken Einsamkeitsgefühl« über ein »mittelmäßiges Einsamkeitsgefühl« bis zu einem »sehr geringen Einsamkeitsgefühl« und »gar keinem Einsamkeitsgefühl«. Um es zugespitzt zu formulieren: Derselbe objektive Zustand – beispielsweise die Trennung von einem Partner – kann bei dem einen so starke Einsamkeitsgefühle auslösen, dass er krank wird und sich in eine Therapie begeben muss, bei dem anderen löst dieses Geschehen dagegen gar keine Einsamkeitsgefühle aus. Das heißt: Einsamkeit ist keine objektive Größe, sondern muss stets in Beziehung auf das fühlende Subjekt betrachtet werden. Die Einsamkeit ist etwas rein Subjektives, sie ist ein Gefühl.

Des Weiteren kann unterschieden werden zwischen einer passiven und einer aktiven Einsamkeit. Das heißt, dass wir Einsamkeit passiv erleiden können, wenn uns Einsamkeit von außen überzieht, beispielsweise in der Form von Pandemiebestimmungen unter der Corona-Krise, die den Kontakt von Menschen unterbinden, oder dass wir uns aktiv für Einsamkeit entscheiden, in der Weise, dass wir bewusst zu anderen Menschen Abstand halten, um mit uns selbst allein zu sein. Svendsen verwendet zur Unterscheidung verschiedener Einsamkeitsphänomene auch die Begriffe endogen und exogen: »Wir können… zwischen endogener und exogener Einsamkeit unterscheiden, abhängig davon, ob das Einsamkeitsgefühl eine Hauptursache im Subjekt selbst oder in den Umständen hat.«[8] Schließlich differenziert man auch zwischen emotionaler und sozialer Einsamkeit: Unter emotionaler Bindung versteht man etwa die enge Beziehung zu seinen Eltern, für eine soziale Bindung brauchen wir Freunde; emotional und sozial sind hier also ein Unterscheidungsmerkmal für die Tiefe und Intensität einer Bindung. Beide Phänomene treten oftmals auch zusammen in Erscheinung, wobei das Emotionale das Soziale und umgekehrt nicht ersetzen kann.[9]

Terminologisch ist besonders auf die Unterscheidung von Alleinsein und Einsamsein zu achten, die, wie Svendsen zutreffend bemerkt, »zwei distinkte Phänomene sind… [und] sowohl logisch als auch empirisch voneinander unabhängig«[10] betrachtet werden müssen. Während das Alleinsein ein objektiv nachprüfbarer Tatbestand ist, entzieht sich das Einsamsein, wie wir gesehen haben, weitestgehend einer solchen objektiven Feststellung – die Einsamkeit ist und bleibt ein subjektives Phänomen. Auch ist es so, dass jemand, der allein ist, durchaus einsam sein kann, er muss es aber nicht zwangsläufig sein, und umgekehrt ist auch nicht jedes Einsamkeitsgefühl mit der Erfahrung des Alleinseins verknüpft. Man kann sich durchaus in einem guten sozialen Netzwerk befinden und trotzdem einsam sein, weil die Qualität der Bindungen nicht die gewünschte Intensität hat. Manchmal können wir gerade dann am einsamsten sein, wenn in unserer unmittelbaren Nähe viele Menschen sind. Odo Marquard hat darauf hingewiesen, dass dieser Effekt gerade in den Massengesellschaften der großen Metropolen häufig eintritt, wo die einengende räumliche Nähe einer unüberschaubaren Zahl von Menschen geradewegs das Gegenteil bewirkt, nämlich Anonymität und Einsamkeit.[11]

Nach meiner Überzeugung markiert Einsamkeit eine Erscheinungsform unseres Daseins, die als solche zunächst weder negativ noch positiv ist; sie ist eine notwendige und unvermeidbare Daseinsverfassung, die wir für einen positiven Lebensvollzug benötigen. Mit Heidegger bin ich auch der Auffassung, dass Einsamkeit eine Grundstimmung unseres Daseins ist, in der sich uns Welt und unser je eigenes In-der-Welt-sein erschließt. Diese Erkenntnisse sind nicht völlig neu; der Schweizer Arzt Johann Georg Zimmermann hat bereits vor fast 240 Jahren ähnliche Überlegungen über die Bedeutung der Einsamkeit angestellt: »Alles zusammengenommen schadet Einsamkeit der menschlichen Gesellschaft bloß durch ihren Missbrauch; an sich selbst ist sie derselben weder nachteilig noch schädlich. Sie schadet nicht mehr und nicht weniger als alles missbrauchte Gute in der Welt.«[12]

Ihre durchweg negative Auslegung in der Gegenwart ist zuhöchst problematisch und zumindest teilweise auf die vergessene Begriffsgeschichte des Terminus zurückzuführen. Der zweite Grund für ihre gegenwärtige Diskreditierung liegt darin, dass die Einsamkeit weitgehend aus unserem Leben ausgegrenzt worden ist und wir drittens auch im Umgang mit diesem zentralen Strukturmoment unseres Daseins nicht mehr geübt sind. Alle drei genannten Aspekte spielen in diesem Essay eine zentrale Rolle und werden im weiteren Verlauf der Überlegungen immer wieder, auch im wechselseitigen Bezug, zur Sprache kommen.

3. Einsamkeit, Existenz und Existenzvernichtung

Einsamkeit wird in diesem Essay als ein wichtiger Teil unseres Daseins begriffen und beschrieben. In Abgrenzung zu vielen anderen Arbeiten über Einsamkeit werden hier aber keine empirisch erhobenen Daten zum sozialen Kapital, zur Korrelation von Single-Haushalten und Einsamkeitsbefunden, zur Narzissmus-Forschung, zum Neurofeedback oder zur emotionalen Ansteckung beim Facebook-Gebrauch referiert, sondern Dasein soll im Hinblick auf seinen inneren Zusammenhang mit Einsamkeit untersucht werden. Einsamkeit ist kein empirischer Begriff, obwohl man sich redlich bemüht, Prädikatoren[13] für Einsamkeit empirisch zu erfassen und die Auswirkungen von Einsamkeit zu messen; vielmehr beschreibt der Terminus eine subjektive Befindlichkeit, ein Gefühl. Klar ist auch, dass Einsamkeit an unsere Existenz geknüpft ist, und zwar an unsere Existenz als ein sich vergesellschaftendes Wesen: »Wären wir keine sozialen Wesen, gäbe es keine Einsamkeit.«[14] Zugleich kommt damit ins Offene, dass das Existenzielle von Einsamkeit hauptsächlich mit uns selber etwas zu tun hat. Wir spüren das Existenzielle von Einsamkeit, wenn wir uns selbst und der Welt alleine gegenüberstehen. Dies sieht auch Cioran, wenn er sagt: »Einsam bist du nur immer dir gegenüber, nicht einem anderen.«[15] Dieses existenzielle Gefühl der Einsamkeit hat nicht nur für unser Dasein herausragende Bedeutung, schon der Begriff an sich ist von zerstörerischer Wucht. So kann man mit einiger Berechtigung sagen, dass die Einsamkeit Hegels Philosophie zerstört hat. Die Sprengkraft von Kierkegaards grundlegender Erkenntnis »Einsam bin ich, bin es je und je gewesen«[16] hat Hegels dialektisches System zerstört.

Im Rückgriff auf Kierkegaard und Nietzsche, aber mehr noch auf Heidegger könnte man Einsamkeit daher als ein Existenzial beschreiben, also als eine grundlegende Stimmung, die unserem Dasein zugrunde liegt und deren Analyse uns Grundzüge dieses Daseins sichtbar macht. In der unmittelbaren Nachfolge Heideggers haben vor allem Karl Jaspers und Emmanuel Lévinas die Bedeutung der Einsamkeit für das menschliche Dasein ebenfalls intensiv durchleuchtet. Schon 1932 postuliert etwa Jaspers in seiner dreibändigen Philosophie »Ich selbst sein heißt einsam sein«[17] und Lévinas nennt in seinen ersten Vorlesungen aus den Jahren 1946/47 Einsamkeit eine »Kategorie des Seins«[18].

Dass Einsamkeit ein Element unserer humanen Grundausstattung ist, scheint heute in Vergessenheit geraten oder verdrängt worden zu sein. Bereits lange vor Kierkegaard, Heidegger, Jaspers und Lévinas verdeutlicht die Schöpfungsgeschichte, dass der Mensch zunächst eins und dann zweierlei ist: Einzelwesen und Gesellschaftswesen. Damit Adam nicht immer alleine ist, erschafft Gott ihm eine Gefährtin – wir alle kennen die Geschichte mit der Rippe: »Es ist nicht gut, dass der Mensch allein ist. Ich will für ihn eine Hilfe machen, so etwas wie ein Gegenüber.« (Genesis 2,18)

Ungeachtet dieser göttlichen Hilfestellung und des menschlichen Dranges zur Vergesellschaftung, der wir die aristotelische Bestimmung des Menschen als *zoon politikon* (Gesellschaftswesen) verdanken, bleiben wir bis an unser Lebensende in einem Zustand existenzieller Einsamkeit gefangen. Wir kommen ungefragt und mit den unterschiedlichsten genetischen Dispositionen auf diese Welt; wir werden – im durchaus wörtlichen Sinn – in die Welt hinein-geworfen, leben in dieser, manche recht gut, andere wiederum recht schlecht, und müssen diese alle wieder verlassen, der eine früher, der andere später. Uns allen gemeinsam ist der Anfang und das Ende. Und nicht nur das: Wir sind an unserem Anfang und an unserem Ende alleine; kein Mensch kann uns diesen Anfang und dieses Ende abnehmen oder es mit uns teilen: »Die Menschen werden seit je allein geboren und sterben allein«[19], resümierte einst Bloch lakonisch. Zwischen diesen beiden Begrenzungen unseres Daseins sieht es auch nicht besser aus: Meine Erfahrungen von der Welt und meine Gefühle sind und bleiben stets die Meinen, niemand anderes kann diese Vorstellungen oder Affekte mit mir wirklich teilen, geschweige denn von mir nehmen. Wir sind, wie ein Schlüsselbegriff der Moderne aufzeigt, Individuen: unteilbare (Einzel-)Wesen (lat. in-dividuum – das Unteilbare).

In der Philosophie taucht diese existenzielle Fragestellung auch als das sogenannte Solipsismus-Problem auf. Zusammengesetzt aus dem lateinischen *solus* (allein) und *ipse* (selbst) bezeichnet der Begriff die Annahme, dass man sich nur seines eigenen Ich-Bewusstseins gewiss sein kann und nicht weiß, ob es ein anderes Ich gibt und wie es funktioniert. Eine recht amüsante Ausgestaltung dieser Auffassung findet sich bei dem deutschen Philosophen G.W. Leibniz in seiner *Monadologie*. In dieser Abhandlung beschreibt Leibniz die Welt als aus kleinsten geistigen Kraftzentren bestehend, er nennt diese, abgeleitet von dem altgriechischen *monás* (Eins, Einheit), Monaden. Über die Eigenschaften dieser Monaden schreibt er: »Es gibt ferner keine Möglichkeit, zu erklären, wie eine Monade durch irgendein anderes Geschöpf in ihrem Innern beeinflusst oder verändert werden könnte, da nichts in sie hinein übertragen, sich auch keine innere Bewegung in ihr selbst vorstellen kann, die in ihr hervorgerufen, geleitet, vermehrt oder vermindert werden könnte … Die Monaden haben keine Fenster, durch die etwas in sie herein- oder aus ihnen heraustreten kann.«[20]

Mit anderen Worten: Wir taumeln als atomisierte Wesen (Monaden!) meistens blind in der Welt herum, wissen nichts von den anderen und sind völlig auf uns selbst gestellt. Eine ziemlich präzise Beschreibung des Individuums zu Beginn des 21. Jahrhunderts, die Levinas ebenfalls teilt: »Man kann zwischen Seiendem alles austauschen, nur nicht das Existieren. In diesem Sinne heißt sein, sich durch das Existieren isolieren. Insofern ich bin, bin ich Monade.«[21] Dass Leibniz 1714, als er diese Schrift verfasst hat, noch der Überzeugung war, dass ein allmächtiger und allgütiger Gott dieses drohende Chaos durch seine lenkende Hand verhindert, indem er wie ein Uhrmacher jede Monade in seinem Himmelsreich genau mit allen anderen synchronisiert, so dass sie wunderbar zusammenstimmen, hilft uns heute in unserer transzendentalen Obdachlosigkeit auch nicht wirklich weiter. Gott ist, wie Nietzsche einst sagte, tot, wir haben ihn getötet. Für die meisten Menschen im 21. Jahrhundert gibt es keine göttliche Hilfe und Gewissheit mehr – auch in dieser Hinsicht sind wir allein.

Aufgrund dieses Dilemmas hat der Mensch über die Jahrhunderte und Jahrtausende mehr oder weniger ausgefeilte »Anti-Einsamkeits-Aktivitäten«[22] entwickelt, um dieses existenzielle Problem abzumildern oder gar zeitweise zu entschärfen. Zu nennen wären in diesem Zusammenhang etwa die Liebe zu einem anderen Menschen oder zu Gott, die Hinwendung zu den Künsten, ein Leben, das der Wissenschaft oder caritativen Zwecken gewidmet ist. Dass diese Konzepte im 21. Jahrhundert nicht mehr richtig tragen, kann man an den heutigen Extremen dieser einst durchaus erfolgreichen Lebensmodelle erkennen: Aus der Hinwendung zur Liebe ist der oftmals besinnungslose Konsum von Pornographie geworden, der Glaube an einen Gott wird heute vielfach ersetzt durch die Praxis abstruser Ersatzreligionen, die künstlerische Betätigung gerinnt zur medialen Inszenierung, aus wissenschaftlicher Forschung wird nicht selten Obskurantismus und aus der Unterstützung Bedürftiger wird die Alimentation verstiegener, gefährlicher oder bestenfalls verwirrter Randgruppierungen.

Bezeichnend für die unverhohlene Missachtung der grundlegenden ontologischen Wahrheit, dass wir unseren Tod alleine tragen müssen, ist heutzutage auch die erschreckende Häufung von Amoktaten. Es ist kein Zufall, dass die Mehrheit dieser Verbrechen mit Einsamkeitserfahrungen korrelieren. Das Unvermögen, mit seiner Einsamkeit umzugehen und diese zu bewältigen, findet in diesem Tatmuster seine schärfste und katastrophalste Manifestation. Der Amoktäter – es handelt sich fast ohne Ausnahme um Männer! – handelt aus zwei Motivationen heraus.

Sein primäres Motiv ist es, Aufmerksamkeit zu gewinnen. Der Amoklauf stellt ein Fanal dar, das die eigentlich bedeutungslose Existenz des Amoktäters für die Gesellschaft langfristig – wenn auch nur negativ – aufwerten soll. Ihm geht es zunächst nicht darum, andere Menschen mit in seinen Tod zu ziehen, um diesen vermeintlich zu entlasten, sondern er braucht die anderen, um sein bedeutungsloses Schicksal, das von der Gesellschaft nicht wahrgenommen wird und in der Einsamkeit und Isolation zu verschwinden droht, mit Bedeutung aufzuladen. Dass dieser Akt eine Perversion darstellt und die häufig zufälligen Opfer in schrecklicher Weise instrumentalisiert, interessiert den Täter nicht.

Das sekundäre Motiv des Amokläufers von heute ist Rache; er macht in zweiter Instanz für die Last seiner einsamen, solitären Existenz bestimmte Zielgruppen der Gesellschaft oder die Gesellschaft in Gänze verantwortlich und versucht in einem Amoklauf nicht nur sein eigenes Leben auszulöschen, sondern auch das möglichst vieler anderer Menschen, die er für sein gescheitertes Dasein verantwortlich macht. Da der Attentäter weder den Verdacht, dass er an seinem Zustand selber schuld sei, noch die Schuldzuweisung an die Gesellschaft logisch wie emotional auflösen kann, wählt er eine radikale Lösung: »Der einzige Ausweg aus dem Dilemma ist die Fusion von Zerstörung und Selbstzerstörung, Aggression und Autoaggression. Einerseits erlebt der Verlierer im Moment seiner Explosion eine einmalige Machtfülle. Seine Tat ermöglicht es ihm, über andere zu triumphieren, indem er sie vernichtet. Andererseits trägt er der Kehrseite dieses Machtgefühls, dem Verdacht, dass sein

Dasein wertlos sein könnte, dadurch Rechnung, dass er ihm ein Ende macht.«[23] Zugleich artikuliert sich in dieser Tat, ontologisch gesprochen, nicht nur eine Ver-Nichtung des eigenen Daseins, sondern auch der Welt. Indem der Amoktäter eine beliebige Anzahl von Menschen aus diesem Weltganzen herauszieht und tötet, versucht er sich an dieser Welt, die sich ihm nicht mehr erschließt, sondern verschließt, zu rächen.

Ein zentraler Aspekt des von Enzensberger und anderen beschriebenen destruktiven Handlungsmodells ist nicht neu. In der Person des deutschen Dichters Heinrich von Kleist findet sich ein berühmter Vorgänger des auf Öffentlichkeitswahrnehmung ausgerichteten erweiterten Suizids. Kleist nahm sich am 21. November 1811 am Wannsee, gemeinsam mit der Freundin Henriette Vogel, das Leben. Der Dichter, den man in Anlehnung an Enzensberger ebenfalls einen »radikalen Verlierer« nennen könnte, befand sich im Herbst 1811 in einer aussichtslosen Situation, wie Gerhard Schulz in seiner Biographie ausgeführt hat: »Kleist sah sich freundlos und verlassen in Berlin, von Schulden belastet und schließlich auch noch, was ihn besonders tief traf, von seiner Familie getadelt und gedemütigt.«[24]

Der lebensmüde Schriftsteller, der zeitlebens vergebens nach Anerkennung suchte, hatte seinen Suizid schon längere Zeit geplant, war aber offenbar nicht im Stande, die Tat alleine zu begehen und suchte eine Gefährtin, die gemeinsam mit ihm in den Tod gehen wollte. Die an einer finalen Krebserkrankung leidende Henriette Vogel, Frau eines höheren Beamten der Berliner Landschaftskasse, wurde schließlich Kleists Todespartnerin. Kleist bereitete den erweiterten Suizid langfristig und planvoll vor: So schrieb er, auch gemeinsam mit Henriette Vogel, vor dem beabsichtigten Tötungsakt mehrere Briefe, in denen er nicht nur seine Tat erläuterte, sondern auch Anweisungen hinterließ, in denen er bestimmte, wie etwa mit ihren Leichen zu verfahren sei. Einen Tag vor dem Suizid quartierte sich Kleist mit seiner Gefährtin in einem Gasthof nahe Potsdam ein, verbrachte mit dieser plaudernd die Nacht, begab sich mit ihr am Morgen des 21. Novembers an den Wannsee, erschoss zunächst diese und dann sich selber. Die Selbsttötung des preußischen Dichters erregte beträchtliches Aufsehen, wie Gerhard Schulz feststellte: »Kleist und Henriette Vogels Tod hatten Sensationswert für Berlin und in gewissem Umfang sogar für das kulturelle Deutschland, ja das kulturelle Europa.«[25] Kleist erlangte also durch sein sorgfältig inszeniertes gewaltsames Ableben im Duett mit seiner Leidensgenossin jene Aufmerksamkeit und Presse, die er gerne zu Lebzeiten gehabt hätte. Immerhin versicherte sich Kleist der Zustimmung seiner Mitsuizidentin zum geplanten Selbstmord und verzichtete darauf, Unschuldige in den Tod zu reißen. Auch wird man ihm nicht vorwerfen können, dass er sich mit seiner Tat an der Gesellschaft, die sein Genie verkannt hatte und ihn in die Einsamkeit entließ, rächen wollte.

4. Einsamkeit als Herausforderung – Kein Selbstsein ohne Einsamsein

Das Beispiel Heinrich von Kleists zeigt, dass Einsamkeit eine existenzielle Herausforderung für einen Menschen werden kann, die er nicht mehr zu bewältigen imstande ist und an der er zerbricht. Kleist, der wohl von Beginn seines Lebens an schwere Verlust- und Einsamkeitserfahrungen machen musste – seinen Vater verlor er mit 11, seine Mutter mit 16 und mit 14 wurde er Kadett –, war dauerhaft wohl nicht in der Lage, die erlittene Einsamkeit und Ausgrenzung zu bewältigen. Der norwegische Philosoph Lars Svendsen, der in Anlehnung an Nietzsche zwischen einer guten und einer schlechten Einsamkeit unterscheidet,[26] würde, bezogen auf den Fall Kleist, wahrscheinlich von einer schlechten Einsamkeit sprechen, deren Kennzeichen schwere persönliche Verluste, soziale Ausgrenzung und mangelnde (literarische) Anerkennung wären.

Welche Auswirkungen Einsamkeit letztlich auf uns selbst und unser Leben hat, entscheidet sich allein im Bewusstsein des betroffenen, fühlenden Subjekts. Stellen wir uns als Beispiel einen gänzlich anderen Heinrich von Kleist vor, dem es gelungen wäre, den Tod seiner Eltern erfolgreich zu bewältigen und die mangelnde Anerkennung seiner literarischen Arbeiten in noch größere poetische und soziale Anstrengungen zu transformieren, die ihm schließlich zum literarischen wie auch gesellschaftlichen Erfolg verholfen hätten. Bei diesem Szenario würde man kaum von einer negativen Einsamkeit sprechen können. Im Gegenteil, die – zugegebenermaßen! – sehr belastenden Ereignisse und (Einsamkeits-)Erfahrungen wären Impulsgeber einer brillanten literarischen Karriere und beeindruckenden Persönlichkeitsentwicklung geworden. Natürlich wird man das frühe Ableben seiner Eltern kaum als positiven Entwicklungsschub bewerten können, inwiefern derartige Ereignisse aber zu einer Einsamkeitserfahrung führen, die eine ruinöse persönliche Entwicklung einleiten, bleibt zunächst einmal offen.

Alles, was uns Menschen widerfährt, wird erst in unserem Bewusstsein zu dem, was es für uns ist. Beispielsweise kann die

Zurückweisung durch einen geliebten Menschen Einsamkeit in uns auslösen, sie muss es aber nicht. Und selbst wenn sie eine mehr oder minder tiefe Einsamkeit in uns auslöst, dann kann diese Einsamkeitserfahrung und ihre Bewältigung unser Selbstbewusstsein stärken und unserem sozialen Leben neue Impulse geben. Natürlich kann uns diese Zurückweisung auch seelisch krank machen und in eine tiefe Depression führen – letztlich aber entscheiden wir das. Es sei denn, wir sind mental und körperlich so beeinträchtigt, dass wir uns gegen das, was uns widerfährt, nicht mehr wehren können.

Eine der persönlichsten und zugleich aufrichtigsten Auseinandersetzungen mit dem Thema Einsamkeit in der Gegenwart stammt aus der Feder des Essayisten Daniel Schreiber, dessen Darstellung zwischen privaten, literarischen, philosophischen wie auch politischen Reflexionen changiert. Ziemlich am Ende seiner Ausführungen kommt er zu folgendem Resümee: »Niemand von uns kann der Einsamkeit entkommen. Sie ist eine unabwendbare, eine existentielle Erfahrung. Vielleicht auch eine notwendige.«[27] Ich würde das Adverb »vielleicht« hier unbedingt streichen wollen: Einsamkeit ist eine notwendige Erfahrung nicht nur für unser Dasein, sondern zugleich auch für unser Menschsein. Wir können nicht wir selbst sein, Individuum sein, wenn wir nicht durch das Einsamsein hindurchgehen. Ergänzend hierzu bekennt Schreiber an anderer Stelle: »Erst die Einsicht, dass wir trotz der geliebten Menschen in unserem Leben in einem grundlegenden Sinn allein sind, sorgt dafür, dass wir uns unser selbst bewusst werden. Ohne diese Einsicht können wir keine Verantwortung für uns und unser Leben übernehmen, keine gute Beziehung zu uns selbst aufbauen und uns nicht wirklich um uns selbst kümmern.«[28]

In diesem Kontext ist es hilfreich, auf einen der erfolgreichsten zeitgenössischen Romane der Gegenwart zu blicken: Gemeint ist der 2016 erstmals im Diogenes-Verlag erschienene Bestseller »Vom Ende der Einsamkeit« von Benedict Wells. Der Roman schildert das Leben der drei Geschwister Liz (14 Jahre), Marty (13 Jahre) und Jules (11 Jahre), deren Dasein nach dem unerwarteten Unfalltod beider Elternteile vollkommen aus den Fugen gerät. Die unversehens zu Vollwaisen gewordenen Kinder landen in einem Internat, verlieren sich selbst und einander, gleiten teilweise in destruktive Lebensentwürfe ab, finden sich aber schließlich wieder zusammen, unterstützen einander, durchleben gemeinsam schwere Herausforderungen und bewältigen zuletzt das katastrophale Trauma ihrer Kindheit und frühen Jugend.

Das Leitmotiv des Romans ist – wie der Titel bereits ankündigt – die Auseinandersetzung mit existenziellen Einsamkeitserfahrungen, die ihren Anfang mit dem Unfalltod der Eltern nehmen und die sich in den nachfolgenden Jahren und Jahrzehnten auf gespenstische Weise im Leben der einzelnen Figuren wiederholen. Die Geschichte zieht eine beeindruckende Spannung aus den intensiv dargestellten Charakteren und ihrem Kampf gegen eine weitgehend selbstverschuldete, periodisch wiederkehrende Einsamkeit. Der Roman zeigt auf beeindruckende Weise, dass die entscheidenden Entwicklungen, die zuletzt zu einer gemeinsamen Überwindung des Traumas führen, sich in der Abgeschiedenheit des personalen Bewusstseins abspielen. Symptomatisch für diesen Prozess der isolierten Selbstfindung ist die metaphorisch verdichtete Szene, in der Jules seine Phantasien während eines LSD-Trips wiedergibt: »Ich stoße ins Innere vor und sehe ein Bild klar vor mir: wie unser Leben beim Tod unserer Eltern an einer Weiche ankommt, falsch abbiegt und wir seitdem ein anderes, falsches Leben führen. Ein nicht korrigierbarer Fehler im System.«[29]

Dass Jules den »Fehler im System« schließlich doch korrigieren kann, hängt mit seiner erfolgreichen Einsamkeitsarbeit zusammen. Er überwindet sein zwanghaftes Verhalten, Alva, die Frau, die er seit seiner Jugend liebt, abzuweisen, schreibt ihr, trifft sie in der Schweiz und findet nach dem Selbstmord ihres an Alzheimer erkrankten Mannes mit ihr zusammen. Später, nach Alvas Tod, lenkt er bei seinem eigenen Suizidversuch im letzten Moment sein Motorrad an einem Baum vorbei, weil ihm – kurz vor dem Absprung – ein Bild seiner Kinder durch den Kopf geht. Der Romanbeginn greift diesen Moment heraus, als der aus dem künstlichen Koma erwachende Jules sein Handeln vor dem Unfall noch einmal Revue passieren lässt und seine Gedanken an den Ausgangspunkt seiner Lebenskatastrophe zurückschweifen. Durchaus treffend zu diesem Vorgang sagt Schreiber: »Das Erleben von Einsamkeit bringt, mit anderen Worten, eine Form der Selbstwahrnehmung mit sich, die wir anders nicht erlangen können. Gerade der Schmerz, der mit ihr einhergeht, sorgt dafür, dass wir eine neue Art des Mitgefühls in uns entdecken, für uns selbst und andere Menschen, uns neue Lebenswege erschließen und innere Auseinandersetzungen zulassen, die sonst ausblieben. Ohne ihn wären wir nicht imstande, die Nähe zu anderen Menschen zu suchen, wären nicht imstande zu lieben.«[30]

Einsamkeit kann zu einem starken Impuls werden, sich aus dem eigenen Für-sich-Sein dem anderen mit neuer Kraft zuzuwenden. Der

Einzelne kann in der Abgeschiedenheit, gerade im Absehen von sich selbst, den Weg zum anderen und in die Gesellschaft zurückfinden. Das Mitgefühl, das wir uns selbst in der Einsamkeit erweisen, befähigt uns, auch anderen Menschen Empathie entgegenzubringen. Dass dieser Umgang mit dem Einsamsein eine große Herausforderung für uns darstellt, ist unbestritten. Wir haben indessen auch die Werkzeuge, um diese Aufgabe zu meistern.

5. Ist Einsamkeit eine Tugend?

Odo Marquard hat darauf aufmerksam gemacht, dass Einsamkeit bei dem mittelalterlichen Mystiker Meister Eckhart ursprünglich eine positive Bedeutung gehabt hat. Einsamkeit bei Eckhart ist die Voraussetzung für das Eins-sein mit Gott, nur wer sich in die Einsamkeit begibt, kann intensiv mit Gott sprechen.[31] In einer seiner berühmtesten Predigten spricht der mittelalterliche Denker von der Abgeschiedenheit als »der höchste[n] Tugend, mit der der Mensch sich auf nächstem Wege zu Gott verfügen könnte…: unum est necessarium; das heißt so viel wie: wer ungetrübt und rein sein will, der muss eines haben, und das ist Abgeschiedenheit.«[32]

Hierbei ist zu beachten, dass der aus dem Mittelhochdeutschen stammende Begriff Einsamkeit aus dem lateinischen Wort unum esse (eins sein) abgeleitet ist, also sind eins sein (mit Gott) und allein sein ursprünglich dasselbe. Noch in einem Aphorismus von Cioran klingt dieser ursprüngliche Zusammenhang von Einssein und Einsamkeit an, wenn er formuliert: »Die Einsamkeit lehrt dich nicht, dass du einsam, sondern der Einzige bist.«[33] Dass diese Korrelation von Einsamkeit und Glaubenswahrheit sich in Christus wiederfindet, dem einsamsten Menschen, verleiht dieser mittelalterlichen Glaubenswahrheit zusätzlich Überzeugungskraft. Es ist daneben auch aufschlussreich, dass dieser Denk- wie auch Glaubensansatz, der vor Meister Eckhart schon bei dem Neuplatoniker Plotin wirksam wird, sich unmittelbar in der Entfaltung klösterlichen Lebens im 6. Jahrhundert zeigt. Bereits die Entstehung des deutschen Wortes Mönch, das sich von dem altgriechischen monós (einzig, allein, einsam) ableitet und später zum lateinischen monasterium (Kloster) weiterentwickelt, verdeutlich erneut diesen ursprünglichen Zusammenhang von Glauben, Eins-sein und Allein-sein, der für die europäische Kultur prägend geworden ist.

Dass Gott, wie Marquard salopp formuliert, in späteren Jahrhunderten immer mehr »aus dem Spiel geriet«[34], hat diese Tugend der Einsamkeit für den Menschen keineswegs unbedeutend für seine Daseinsbewältigung gemacht. Das deutsche Wort Tugend, das von taugen, tauglich sein oder tauglich machen kommt, kann als eine Fähigkeit oder Eigenschaft – neuhochdeutsch auch Kompetenz – beschrieben werden, die den Menschen als Menschen tauglich macht oder befähigt, ein gelingendes Leben zu führen. Dass Meister Eckhart die Einsamkeit etwa noch vor den Kardinaltugenden Platons positioniert, zeigt, welche enorme Bedeutung er dieser Tugend für die Bewältigung des menschlichen Daseins zubilligt. Dass diese hohe Wertschätzung der Einsamkeit auch in späteren Jahrhunderten noch Bestand hatte, beweist auch das Zeugnis des französischen Skeptikers Montaigne, der in seinem Essay »Über die Einsamkeit« (1588) schreibt: »Die größte Sache der Welt ist, dass man sich selbst zu gehören weiß.«[35] Und wer kennt nicht den berühmten Ausspruch von Blaise Pascal (1623–1662), der immer wieder darauf hinwies, »dass das ganze Unglück der Menschen aus einem einzigen Umstand herrühre, nämlich, dass sie nicht ruhig in einem Zimmer bleiben können.«[36]

Worin liegt nun aber die besondere Bedeutung und Leistung der Einsamkeit für das menschliche Leben? Es wurde eingangs bereits angesprochen: Der Mensch ist ein polares Wesen, das zwischen Randpunkten lebt, die manchmal auch zu Extremen werden. So wie die menschliche Spezies auf diesem Planeten zwischen den geographischen Endpunkten seiner Rotationsachse, des Nord- und des Südpols, lebt, so entfaltet sich ihr Dasein in einer Fülle von polaren Gegensätzen: Tag und Nacht, Gut und Böse, Vernunft und Gefühl, Liebe und Hass, Arbeit und Muße, Leib und Seele, um nur einige zu nennen. Die Schwierigkeit liegt nun darin, zwischen diesen polaren Gegensätzen den jeweils angemessenen Ausgleich, ein gutes Maß zu finden, denn keiner von uns kann nur in Extremen leben. Weder können wir allein nach Vernunft- noch allein nach Gefühlskriterien leben, weder sind wir in der Lage nur zu arbeiten noch nur zu meditieren oder zu faulenzen. Auch ist klar, dass dieser Ausgleich nicht für uns alle derselbe sein kann, sondern jeder von uns muss sein eigenes (Lebens-)Maß finden, und es ist zu erwarten, dass dieses Maß sich innerhalb unseres Lebens mehrfach ändern wird, mehrfach neu justiert werden muss.

Diese Rahmenbedingungen gelten natürlich auch für die Einsamkeit, deren Gegensatz gar nicht so einfach zu bestimmen ist. Vielmehr ist hier wohl von einem Begriffs-Ensemble auszugehen, das den Gegenpol bildet, wie etwa: Gemeinsamkeit, Gemeinschaft, Gesellschaft oder der Neologismus »Vielsamkeit«. In diesem Kraftfeld aus Vereinzelung und Vergesellschaftung nun bewegt sich der Mensch sein ganzes Leben lang. Der Glaube oder die Hoffnung, dass wir auf die Einsamkeit verzichten können, ist naiv – sie gehört zu unserem Leben wie die Liebe und der Tod, wir können uns ihr nicht entziehen.

Dabei müssen – wie schon eingangs gesagt – zwei Szenarien unterschieden werden: Zum einen die Situation, dass wir uns, verursacht durch äußere Umstände, zwangsweise in die Einsamkeit begeben müssen oder diese über uns wie ein Verhängnis kommt, und zum anderen der Wunsch, sich freiwillig der Abgeschiedenheit zu überantworten. Ich komme in diesem Zusammenhang noch einmal auf das Leben meines Onkels zurück und greife hier zwei Ereignisse heraus, die den fallweise zwanghaften Charakter von Einsamkeit nachhaltig dokumentieren. Als mein Onkel acht Jahre alt war, wurde er so schwer krank, dass er fast gestorben wäre. Nachdem er beim Spielen in ein Gewässer fiel, erkrankte er an einer Rippenfellentzündung. Eine zu Beginn der 30er Jahre risikoreiche Operation rettete ihm das Leben, als bleibendes Andenken behielt er ein beinahe faustgroßes Loch im rechten Rippenbogen, das ihn zeitlebens physisch einschränkte. Nach der Bewältigung der Krise brauchte er ein Jahr, um wieder richtig gehen zu lernen, die Krankheit veränderte sein Leben tiefgreifend. Auch wenn er in dieser schweren Zeit viel familiäre Unterstützung erhalten hat, ist er mit dieser Krankheit, ihren unmittelbaren Auswirkungen und Folgen alleine gewesen. Er hat in dieser Phase eine existenzielle Einsamkeit erlebt. Nicht anders ist es ihm nach dem Ende des Zweiten Weltkriegs ergangen. Er hat einige Jahre in Bayern gelebt, sich als Gehilfe eines Landwirts verdingt und jede Menge Nebenjobs gehabt, um überleben zu können, später ist er dann ins Münsterland und zuletzt nach Westfalen gegangen, wo er 65 Jahre lebte. Sein Vater war beim Einmarsch der Roten Armee im Osten getötet worden, die anderen Familienmitglieder – seine Mutter und seine Schwester – konnten, nachdem der eiserne Vorhang fiel, nicht mehr in den Westen ausreisen. So musste er elf! Jahre – getrennt von seiner Familie und Heimat – alleine verbringen, bis es seiner Mutter und Schwester 1956 gelang, illegal über die Zonengrenze in den Westen zu gelangen. Die Trennung von seiner Familie, der Verlust des Vaters und seiner Heimat, die Traumatisierung durch den Krieg markieren eine Phase tiefster existenzieller Einsamkeit, die zudem auch durch ihre Dauer eine große Herausforderung war.

Selbst wenn nachfolgende Generationen derartig tiefgreifende und andauernde Zwangsphasen von Einsamkeit wie die Kriegsjahrgänge kaum je erlebt haben dürften, ist davon auszugehen, dass jedes menschliche Leben Phasen exogener Einsamkeit kennt: Trennungen, schwere Erkrankungen, Arbeitslosigkeit, der Verlust eines nahen Menschen, Unfälle, Katastrophen, Verbrechen oder desaströse Liebeserfahrungen sind nur einige Ereignisse auf der Klaviatur des Lebens, die uns in die Vereinsamung werfen und der wir standhalten müssen, um unser Leben positiv fortführen zu können.

Zum Zweiten ist es für jeden Menschen unverzichtbar, sich immer wieder einmal freiwillig in die Einsamkeit zu begeben, um alleine über sein Leben nachzudenken, um Probleme zu wälzen, um die Stille zu genießen, um sich einmal treiben zu lassen und an nichts zu denken, um sich der Geschäftigkeit und Geschwätzigkeit des Alltags zu entziehen, um sich und seine Gefühle wieder einmal ungestört selbst erleben zu können. Der norwegische Abenteurer Erling Kagge hat Recht, wenn er sagt, dass der Mensch eine existenzielle Unruhe in sich trägt: »Die Unruhe, die wir empfinden, tragen wir von Anfang an in uns, es ist unser natürlicher Zustand. Die Gegenwart quält uns… Und als Reaktion erfinden wir ständig neue Tätigkeiten, die unsere Aufmerksamkeit binden und uns von uns selbst entfernen.«[37] Um aus diesem Labyrinth herauszukommen, braucht der Mensch die Einsamkeit. Sie ist der Gegenpol zu unserem rastlosen Streben, unserer ewigen Furcht, etwas Wichtiges zu verpassen oder zu scheitern. Der Mensch lebt, wie Heidegger gesagt hat, in einem Zustand ständiger Sorge um sein Dasein. Dieser permanenten Beunruhigung muss der Mensch die Einsamkeit entgegenstellen, um nicht verrückt zu werden. Nur in ihr kann er alle innerweltlichen Verweisungszusammenhänge unterbrechen und sich auf sein Ich zurückziehen. Umgekehrt zeigen etwa die benediktinischen Regeln, die das klösterliche Leben ab dem 6. Jahrhundert in ganz Europa bestimmen, dass die Einsamkeit (mit Gott) selbst im mönchischen Leben eines Gegenpols bedarf, also Phasen der Abgeschiedenheit mit Phasen der gemeinsamen Arbeit und des gemeinsamen Gebets wechseln müssen.

Dabei stellt sich die Frage, woher wir die Fähigkeit gewinnen, uns zwischen den Polen von Einsamkeit und Gemeinschaft sicher zu bewegen. Die Antwort dürfte klar sein: Wir können es nur durch Übung erlernen. Peter Sloterdijk hat in diesem Kontext darauf hingewiesen, dass alle großen Kulturen »auf Leitdifferenzen aufbauen, mit deren Hilfe das Feld menschlicher Verhaltensmöglichkeiten in polarisierte Klassen unterteilt wird. So kennen die asketischen ›Kulturen‹ die Leitdifferenz vollkommen versus unvollkommen, die religiösen

›Kulturen‹ die Leitdifferenz heilig versus profan.«[38] Weiter heißt es: »Was diese Differenzierungen durchweg gemeinsam haben, ist die Parteinahme für den ersten Wert, der im jeweiligen Feld als Attraktor gilt, während dem zweiten Pol durchwegs die Funktion eines Repulsionswerts oder einer Vermeidungsgröße zukommt.«[39]

Das bedeutet, auf unseren Fall bezogen, dass die Einsamkeit eher eine Vermeidungsgröße darstellt und dass Gemeinschaft, Gesellschaft oder Vielheit eher als eine Richtgröße fungieren. Diese Einschätzung korrespondiert mit der zunehmenden Vergesellschaftung des Menschen in den letzten 150 Jahre, die sich ja schon arithmetisch in dem rasanten Bevölkerungswachstum der letzten Jahrzehnte widerspiegelt. Der Mensch hat sich damit in den letzten Jahrhunderten immer mehr zu einem Gesellschaftswesen entwickelt, für das die Einsamkeit zu einer Bedrohung geworden ist.

Die Vernachlässigung der Einsamkeit in den neuzeitlichen Lebenskonzepten ist allerdings ein fataler Fehler. Zwar mag man die Einsamkeit als Vermeidungsgröße einordnen können, sie bleibt aber eine wichtige Orientierungsgröße für die polare Existenz des Menschen; denn nun, zu Beginn des 21. Jahrhunderts, zeigt sich zweierlei: Erstens hat der Versuch, die Einsamkeit aus dem menschlichen Leben zu verbannen – etwa durch eine mediale Dauerberieselung –, dazu geführt, dass sich dieser Grundzug menschlichen Daseins nur noch stärker zur Geltung bringt. Zweitens fehlen vielen Menschen Lebenskonzepte, die Einsamkeit als Erscheinungsform unseres Daseins zu begreifen und anzunehmen, und die uns helfen, sie in unseren Lebensvollzug produktiv einzubinden.

Das bedeutet nicht, dass dieses Essay eine Anleitung dafür gibt, wie man seine Einsamkeit überwinden kann. Er lädt vielmehr dazu ein, gemeinsam mit dem Autor einen Gedankengang mitzuvollziehen, der die geistesgeschichtlichen Ursprünge der Einsamkeit, ihre Entwicklung und ihre Problemwerdung im 21. Jahrhundert nachzeichnet und kritisch kommentiert. Das ist kein therapeutischer Ansatz, keine medizinische oder psychologische Intervention, aber der Versuch, sich über das Wesen der Einsamkeit im Rückgang auf ihre vielfältigen humanen Erscheinungsformen im Fortgang unserer Zivilisation klarer zu werden.

Resümierend wird man – in Abgrenzung zu Meister Eckhart – heute Einsamkeit kaum als Tugend bezeichnen können. Sie hat keine grundlegend positive Seinsqualität wie etwa die Weisheit, denn sie kann zweierlei sein: Übel wie auch Segen. Insofern ist sie auch keine rein negative Gegengröße wie etwa die Feindschaft zur Freundschaft oder der Geiz zur Freigiebigkeit. Entscheidend ist vielmehr, wie wir als Menschen mit dieser Seinsqualität umgehen und was wir aus ihr machen: Wir können sie benutzen, um unser Leben angenehmer und erfüllter zu gestalten, sie kann aber auch, wenn sie sich unserer Kontrolle entzieht, lähmend und zerstörerisch auf unser Leben einwirken. Es stellt sich die Frage, mithilfe welcher Praxis wir die Einsamkeit beherrschen und positiv für uns nutzen können.

6. Einsamkeit und die aristotelische Tugendlehre

Obgleich Aristoteles überhaupt kein Anhänger von Einsamkeit war, sondern sich intensiv mit dem gegensätzlichen Pol des Humanen beschäftigt hat, dem Drang zur Vergesellschaftung des Menschen, verdanken wir ihm ein einflussreiches ethisches Konzept, das sich auch für die Beschäftigung mit der Einsamkeit als hilfreich erweisen kann. Gemeint ist die *Nikomachische Ethik* des griechischen Philosophen, in der dieser recht detailliert eine Form der Lebenskunst beschreibt, mit deren Hilfe man ein glückliches Leben führen kann.

Das altgriechische Wort téchne, das man heute oft mit Kunst übersetzt, meint nach Aristoteles »ein mit richtiger Vernunft verbundenes hervorbringendes Verhalten«.[40] Darunter versteht man ein leitendes Sich-Auskennen, das man benötigt, um etwas herzustellen oder auch eine Handlung angemessen auszuführen. Diese Form der praktischen Vernunft braucht man etwa als Tischler bei der Anfertigung eines Stuhls wie auch als Lehrer bei der erfolgreichen Vermittlung von Wissen und der Erziehung eines Heranwachsenden; neuhochdeutsch würde man heute von Kompetenzen sprechen. Genauso braucht der Mensch für die erfolgreiche Gestaltung seines Lebens ebenfalls Kompetenzen, um bestimmte Lebens- oder Charakterhaltungen dauerhaft hervorzubringen. In der philosophischen Tradition hat sich seit der Antike für diese besonderen Charakterhaltungen, die helfen, unser Dasein zu bewältigen, der Begriff Tugend eingebürgert.

Die platonischen Kardinaltugenden etwa sind Tapferkeit, Weisheit, Mäßigkeit und Gerechtigkeit. In der Nikomachischen Ethik des Aristoteles werden die Tugenden durch das sogenannte Finden der richtigen Mitte erlangt, deswegen hat man diesen ethischen Ansatz nach dem griechischen Wort für die Mitte (mesótes) Mesótes-Lehre genannt.[41] Das Prinzip hinter dieser Lehre ist, dass man zwischen zwei Extremen, dem Übermaß und dem Untermaß, ein gutes Mittelmaß finden soll. So leitet sich etwa die Tapferkeit als Mitte zwischen der Tollkühnheit und der Feigheit ab. Wobei zu ergänzen ist, dass

Aristoteles unter der rechten Mitte kein Mittelmaß, sondern ein Höchstmaß verstanden hat.

Zu dieser ethischen Theorie der rechten Mitte habe ich gerade eine wunderbare Geschichte von Ferdinand von Schirach gelesen, die in seinem letzten Band von Erzählungen, *Nachmittage* (2022), erschienen ist und die ich meinen Leserinnen und Lesern unbedingt nahebringen möchte. Der Ich-Erzähler der Story befindet sich auf einer Lesung in Oslo und berichtet von einem ehemaligen Mitstudenten, dem Amerikaner Peter Middleton, der jetzt in Oslo beheimatet ist und mit dem er sich treffen will. Middleton, der vor fast 35 Jahren ein brillanter Student gewesen war, hatte sich, nachdem er seine spätere Frau, eine norwegische Journalistin, kennenlernte, aus seinem Beruf als leitender Chemiker in einem großen Konzern zurückgezogen und war mit ihr nach Norwegen gegangen, wo zwei Kinder auf die Welt kamen. Bevor er seine Frau heiratete, begleitete er sie auf eine gefährliche Mission in den Irak, wo sie mit überlebenden Jesiden, die den Nachstellungen des IS entkommen waren, Interviews führte. Inmitten der sie umgebenden Zerstörungen war Middleton damals die ursprüngliche Erkenntnis der aristotelischen Mitte gekommen: „Wir können nur in der Mitte leben. Jedes Extrem ist falsch. Und ich habe viele Extreme erlebt. Die geistigen und sehr viele körperliche."[42] – Nachdem Middleton dem Ich-Erzähler dieses Bekenntnis gemacht hat, nimmt er ihn an einen bestimmten Ort mit, um das Gesagte zu verdeutlichen. Schließlich zeigt er dem irritierten Ich-Erzähler zuletzt einen Supermarkt in einer Nebenstraße von Oslo, der ihm gehört. Auf die verständnislose Frage des Erzählers, dass dies „doch nur ein Supermarkt [sei]"[43], antwortet Middleton: „Nein, mein Freund, das ist die Mitte."[44]

Überträgt man diesen aristotelischen Ansatz nun auf die polaren Gegensätze von Einsamkeit und Gemeinsamkeit oder Gemeinschaft, dann fragt man sich unwillkürlich, welchen Begriff von Tugend man dadurch gewonnen hat. Was wäre das rechte Maß zwischen Einsamkeit und Vielsamkeit beziehungsweise Gemeinschaft? Gibt es so etwas wie eine Mitte zwischen den beiden Extremen? Kant hat diese ethische oder auch anthropologische Mitte des Menschen in seiner »Idee zu einer allgemeinen Geschichte in weltbürgerlicher Absicht« aus dem Jahre 1784 die »ungesellige Geselligkeit«[45] genannt. Der Mensch habe, so der Königsberger Philosoph weiter, »eine Neigung sich zu vergesellschaften; weil er in einem solchen Zustande sich mehr als Mensch, d. i. die Entwicklung seiner Naturanlagen, fühlt.

Er hat aber auch einen großen Hang, sich zu vereinzeln (isolieren); weil er in sich zugleich die ungesellige Eigenschaft antrifft, alles bloß nach seinem Sinne richten zu wollen.«[46] Noch drastischer drückt Montaigne diesen Befund aus: »Nichts ist so asozial und sozial wie der Mensch.«[47]

Mit anderen Worten: Der Mensch muss seine Mitte zwischen den polaren Gegensätzen der Ungeselligkeit (Einsamkeit) und der Geselligkeit gewinnen. Damit er diese Mitte nicht immer wieder neu bestimmen muss, geht es bei Aristoteles darum, eine dauerhafte Haltung für diese Mitte zu gewinnen. Das Subjekt soll seine Kompetenzen gewissermaßen habitualisieren, fest in seinem Charakter verankern; Aristoteles spricht in diesem Zusammenhang von der Hexis.[48]

Dieses Vorgehen lässt sich auf die Behandlung der Einsamkeit übertragen: Allerdings wird man hier zwischen den beiden Polen der Ungeselligkeit (Einsamkeit) und der Geselligkeit keinen wirklichen Mittelwert bilden können. Es geht nicht darum, ein bisschen mehr Einsamkeit und ein bisschen weniger Geselligkeit in unserem Leben zu installieren, sondern wir brauchen beides in einer intensiven und mehr oder weniger andauernden Form. Man kann sich diese Mitte vielleicht als einen Ruhepunkt vorstellen, durch den ein Pendel mit gleichmäßiger Amplitude schwingt. Die Aufgabe des Menschen ist es, für gleichmäßige Schwingungen zwischen den beiden Polen zu sorgen. Das ist – bildlich gesprochen – nur möglich, wenn unser Dasein zwischen den beiden Polen der Einsamkeit und der Geselligkeit harmonisch hin- und herschwingt. Wenn sich das Pendel im »Scheitelpunkt der Einsamkeit« befindet, wandelt sich seine potentielle Energie in kinetische Energie um, die es wieder zum »Scheitelpunkt der Geselligkeit« treibt und von diesem wieder zurück zur Einsamkeit.

Bezogen auf unser Leben bedeutet das: Wir müssen uns regelmäßig der Einsamkeit zuwenden, um Kraft für unser geselliges Dasein zu gewinnen und umgekehrt. Unsere Aufenthalte in der Einsamkeit geben unserem Leben in der Gemeinschaft neue Impulse: Die Zuwendung zu und das Leben mit anderen Menschen erzeugt in uns wiederum das Bedürfnis nach Abgeschiedenheit: für die Auseinandersetzung mit uns selber oder den ungeteilten Genuss unserer eigenen Gefühle und Gedanken. Wolfgang Janke schrieb hierzu, die Existenzphilosophie von Karl Jaspers kommentierend: »Unleugbar macht eine ›antagonistische‹ Konfundierung von Einsamkeit und Kommunikation menschliches Leben menschlich… Dasein in isolierter Existenz ist unwirklich, Kommunikation ohne die Quelle der Einsamkeit äußerlich. Jeder Einsamkeit aufhebenden Kommunikation wächst eine neue Einsamkeit zu. Als Bedingung existentieller Gemeinsamkeit kann die Einsamkeit nicht aus unserem wirklichen Existieren verschwinden.«[49]

In einem weiteren Sinne trifft das Bild des Schwerependels auch auf die Situation zu, in der wir uns nicht freiwillig der Einsamkeit zuwenden, sondern diese uns durch äußere Umstände überzieht. Auch hier schlägt das Pendel – metaphorisch gesprochen – zu der Seite der Einsamkeit aus, wir müssen dann dafür sorgen, dass es auch wieder zur Seite der Geselligkeit zurückschwingen kann. Es kann durchaus sein, dass diese Schwingung erst einmal nicht gelingt und gehemmt wird, dann müssen wir daran arbeiten, die Bewegung an den anderen Pol unseres Daseins wieder in Gang zu setzen.

Und zuletzt – um weiter im physikalischen Bild zu bleiben – müssen wir auch dem Pendel Energie zuführen, damit es nicht durch die Reibungsverluste unserer alltäglichen Routinen oder auch unser Ungenügen zum Stillstand kommt. Was sind die Kräfte, die unser Daseinspendel in eine regelmäßige Schwingungsbewegung bringen und diese fortdauern lassen?

7. Übungen der Einsamkeit – Versuch einer Besinnung und Rekonstruktion

Wenn in den ersten Kapiteln davon gesprochen wurde, dass der Mensch früher »Anti-Einsamkeitsfähigkeiten« besessen habe, die ihm über die Epochen hinweg fortschreitend verloren gegangen seien, dann wäre es wichtig, diese Einsamkeitsfähigkeiten wiederzugewinnen, um die destruktiven Kräfte der Einsamkeit, die es ohne Zweifel ja gibt, zu entschärfen und in eine positive Größe umzuwandeln. Der Weg, auf dem dies möglich erscheint, könnte in dem Versuch einer besinnenden Rekonstruktion liegen, die es sich zur Aufgabe macht, über jene vergessenen Fähigkeiten nachzudenken, die es uns in früheren Zeiten ermöglicht haben, Einsamkeit als eine Grundstruktur unseres Daseins nicht nur zu begreifen, sondern diese auch produktiv in unsere Lebenspraxis einzubinden.

Kräfte und Fertigkeiten entwickeln sich durch Übung. Die Kulturgeschichte der Einsamkeit[50], an die Ernst Bloch in *Das Prinzip Hoffnung* erinnert, ist zugleich eine Geschichte der Übung im Umgang mit der Abgeschiedenheit. Peter Sloterdijk, der in diesem Zusammenhang von »Anthropotechniken« spricht, versteht unter diesen »mentale[n] und physische[n] Übungsverfahren, mit denen die Menschen verschiedenster Kulturen versucht haben, ihren kosmischen und sozialen Immunstatus angesichts von vagen Lebensrisiken und akuten Todesgewissheiten zu optimieren.«[51] Im Hinblick auf die Einsamkeit müssten dies Lebensformen beziehungsweise Exerzitien sein, mit denen wir uns aktiv auseinandersetzen und sie überdies nach Möglichkeit in unseren Lebensvollzug einbetten können. Dabei ist zu beachten, dass man die Einsamkeit nicht überwinden kann, wie schon Cioran betont: »Die Versuche, die Einsamkeit zu überwinden, verschärfen sie nur noch.«[52] Vielmehr sollte man versuchen, sie anzunehmen, sie in sich aufnehmen, um mit ihr zu etwas Neuem zu gelangen – Einsamkeit kann eine positive Kraft sein.

Da wir die Grundstruktur der Einsamkeit kennen, können wir auch Strukturmerkmale dieser Übungen, in denen wir uns die Einsamkeit aneignen und sie zu einem wichtigen Bestandteil unseres

Daseins machen, vorwegnehmend bestimmen. Fünf Grundzüge der Einsamkeit wären hier zuallererst zu nennen: (1) Das Alleinsein mit sich selbst, (2) das Innehalten und Absehen vom Außen, (3) Stille, (4) Zeitlosigkeit, Zeitvergessenheit und (5) der Dialog.

Bei näherer Betrachtung dieser Bestimmungen wird man insbesondere den zuletzt genannten Grundzug mit Verwunderung betrachten. Indessen zeigt eine Strukturanalyse des Selbst-Seins, dass wir eigentlich gar nicht alleine sind, wenn wir mit uns selbst zusammen sind. Peter Sloterdijk zeigt im Rückgang auf die von Thomas Macho beschriebenen Einsamkeitstechniken, dass wir uns im Rückzug auf uns selbst in ein Gespräch mit unserem besseren Ich begeben, wir verdoppeln uns gewissermaßen: »Die Selbstverdoppelung ergibt nur Sinn, wenn aus ihr nicht zwei symmetrische Hälften entstehen – in diesem Fall begegnete der Kontemplant seinem eineiigen Zwilling, der ihm seine Verworrenheit in einer überflüssigen Spiegelung noch einmal vor Augen stellte. Die erfolgreich Übenden arbeiten ausnahmslos mit einer asymmetrischen Selbstverdopplung, bei der ihnen der innere Andere als überlegener Partner assoziiert ist, einem Genius oder einem Engel vergleichbar, der sich wie ein geistiger Monitor in der Nähe seines Schützlings aufhält und ihm die Gewissheit vermittelt, ständig gesehen, geprüft und streng beurteilt, im Krisenfall jedoch auch unterstützt zu werden«.[53]

Was sich hier wie eine Anleitung zu buddhistischer Meditation anhört, spiegelt in Wirklichkeit einen Grundzug sowohl abendländischer als auch morgenländischer wie auch asiatischer Einsamkeitstechniken wider. Für den Einzelnen gibt es nicht nur das Andere draußen in der Welt, sondern auch das Andere in uns selber, mit dem wir denkend ins Gespräch kommen. Denkend, aber auch fühlend befinden wir uns mit uns selbst in bester Gesellschaft. Das Paradoxe ist, dass die Einsamkeit so zu einer Zweisamkeit wird: Wir sind überhaupt nicht allein, denn wir sind mit unserem Selbst zusammen.[54] Jürgen Werner hat diese seltsame und anscheinend widersprüchliche Wechselbeziehung zwischen den beiden Daseinsformen einmal in einem Aphorismus über die Zweisamkeit zutreffend wie folgt beschrieben: »Nicht nur die Wortähnlichkeit zur Einsamkeit lässt mutmaßen, dass es sich hier nur um eine abgeleitete Lebensform handelt: als ob sich die Einsamkeit numerisch verdoppelt hätte.«[55] Oder wie Cioran einmal gesagt hat: »Einsamkeit ist Bekehrung zu dir selbst.«[56]

Ausgehend von diesen strukturbildenden Vorüberlegungen werden nachfolgend einige der wichtigsten Einsamkeitstechniken aus einer etwa 2500 Jahre alten Kulturgeschichte der Einsamkeit beschrieben, wobei ergänzt werden muss, dass hierbei keine Vollständigkeit angestrebt wird, sondern Exemplarität. Zugleich soll in diesem Essay deutlich werden, warum der Umgang mit Einsamkeit in den vergangenen Jahren und in unserer Gegenwart zunehmend krisenhafte Züge angenommen hat: Nicht nur unsere Fähigkeit, die entsprechenden Routinen auszuüben, hat gelitten, sondern die Lebenswelt, in der wir uns bewegen, hat zu einer tiefgreifenden Um- und Entwertung dieser lebensfördernden Praxis beigetragen. Insofern weitet sich diese Besinnung auf Vergangenes auch zu einer Kritik an der gegenwärtigen Einsamkeitsunfähigkeit und der Offenlegung ihrer Ursachen.

Das altgriechische Wort Askese, abgeleitet vom Verb askein (= üben), bezeichnet eine Übungspraxis, die den Übenden durch Enthaltsamkeit im Handeln und Denken dazu befähigt, bestimmte sittliche oder religiöse Ideale zu erreichen. Die Geschichte der Askese ist eine Geschichte der menschlichen Kultur: Bereits im dritten und zweiten Jahrtausend vor Christus traten in der Indus-Kultur Asketen auf. In den nachfolgenden Jahrhunderten, seit dem ersten Jahrtausend vor Christus, wird die Askese zu einer tragenden Säule des Hinduismus und des Buddhismus. Im Abendland gelangt das asketische Ideal zu einer ersten Blüte im Epikureismus, dessen Wahlspruch »Lebe im Verborgenen!« (griech. late biosas!) zu einem Rückzug aus der Welt aufruft. Der Epikureer will durch mentale Übungen insbesondere seine Affekte kontrollieren und mäßigend auf seinen Willen einwirken; erstrebt wird eine weitgehende Bedürfnislosigkeit und Seelenruhe (Ataraxia). Über die römische Kultur entfaltet sich das asketische Ideal dann auch im Christentum, wo es besonders im Ordensleben eine große Bedeutung gewinnt. Vom Mittelalter bis in die Gegenwart erleben asketische Theorie und Praxis immer wieder Anerkennung und Zustimmung, zuletzt auch verstärkt in der ökologischen Bewegung und Politik, die zu Nachhaltigkeit und Konsumverzicht aufrufen.

Damit wird Askese vermutlich zur ältesten und virulentesten Einsamkeitstechnik der Kulturgeschichte. Es ist kein Zufall, dass asketische Lebensform und Einsamkeit fast durchweg eine Einheit bilden. Der Rückzug des Menschen in die Einsamkeit ist ja bereits ein asketischer Vorgang an und für sich. In diesem Akt manifestiert sich in der Selbstgenügsamkeit zugleich der Verzicht auf menschliche Gesellschaft. Weitere Ingredienzien dieses Vorgangs sind zumeist Ruhe oder

Stille und die Konzentration auf sich selbst, auf seine Gedanken und Gefühle oder – im religiösen Kontext – auf das Gespräch mit Gott.

Die Praxis der Einsamkeit kennt viele Lebensformen, die einen asketischen Kern haben. Einige von ihnen sollen später noch näher besprochen werden, können aber vorausschauend schon genannt werden. Zu ihnen zählen das Schreiben, das Lesen und Lernen, die Menschenfreundlichkeit, der Humor, das Musizieren und auch der Spaziergang oder das Flanieren.

Der Blick in den Spiegel zeigt uns schließlich, dass in unserer Gegenwart die Feinde der Askese triumphierend die Herrschaft an sich gerissen haben: Unser Dasein ist geprägt vom Überfluss, von einer medial inszenierten »Anti-Einsamkeitskommunikation«[57], von besinnungslosem Lärm und von einer Sucht nach Zerstreuung. Geradezu grotesk erscheint die Tatsache, dass Einsamkeit heute selbst eine Ware unter anderen geworden ist: So findet man im Internet unter verschiedenen Adressen beispielsweise eine Fülle von Angeboten für eine klösterliche Auszeit. Die wohl am häufigsten angewählte Seite im Internet wirbt mit dem Versprechen, Auszeiten in über 300 Klöstern in Deutschland und Österreich vermitteln zu können.[58] Wenn man weiterklickt, stößt man auf die folgenden Zeilen: »Krisen, Trauer, Entscheidungen – brauchst du einen stillen Ort der Besinnung, um nachzudenken und neu deinen Standpunkt zu finden? Im Kloster kannst du neue Impulse und Tipps bekommen. In Gemeinschaft im Seminar oder allein im Gespräch mit einem Mönch.«[59] Ergänzt werden solche Angebote durch eine Flut von literarischen Handreichungen, Seminaren, Schulungen und Online-Seiten unterschiedlichster Couleur. Kein Zweifel, die Einsamkeit ist zu einem gewinnbringenden Geschäft geworden.

Entstehung und Wachstum dieses Wirtschaftszweiges zeigen indessen zweierlei: Zum einen dokumentiert das Phänomen die Bedürfnislage eines offenbar stetig wachsenden Teils der Bevölkerung, der vor der Dauergeselligkeit der digitalen Massengesellschaft in bereitgestellte Enklaven der Einsamkeit flieht, zum anderen enthüllt der Vorgang das Unvermögen eines ebenso stetig wachsenden Teils der Bevölkerung, der nicht mehr in der Lage ist, Einsamkeit als integralen Bestandteil des eigenen Daseins zu begreifen und zu praktizieren. Überdies lässt sich vermuten, dass die Schnittmenge der beiden genannten Gruppen recht groß ist.

Wenn ich im Gegenzug auf das Leben meines verstorbenen Onkels zurückschaue, dann wird mir klar, dass es von einem starken asketischen Grundzug geprägt war. Obwohl es durchaus rauschhafte Erfahrungen kannte, zeichnete es sich in wesentlichen Zügen durch selbstgewählte Begrenzung, klugen Verzicht, Spiritualität und eine elementare Bescheidenheit aus. Bevor irgendjemand überhaupt den Begriff »Nachhaltigkeit« kannte, lebte er bereits seit Jahrzehnten nachhaltig. Der ökologische Fußabdruck, den er in fast 100 Jahren hinterlassen hat, würde heute vermutlich als Richtwert für ein ökologisch geführtes, nachhaltiges Leben gelten können: Obwohl er sich aufgrund seiner finanziellen Verhältnisse einen Luxusschlitten nach dem anderen hätte kaufen können, besaß er nie ein Auto. Den Dienstwagen nebst Chauffeur, den die Firma ihm stellte, gab er zurück. Er fuhr beinahe 100 Jahre nur mit der Bahn und öffentlichen Verkehrsmitteln, radelte und ging zu Fuß. In den vergangenen 50 Jahren, in denen ich ihn bewusst erlebte, sah ich ihn als Gast zwei- oder dreimal Fleisch essen, ansonsten bevorzugte er Gemüse und Fisch; Süßigkeiten aß er nicht. Sein Körper war – trotz der frühen Beeinträchtigung – von erstaunlicher Elastizität und Vitalität: Bei einer Größe von 176 cm wog er niemals mehr als 70 Kilo, seine Essgewohnheiten waren ausgewogen und maßvoll. Auch im Umgang mit Geräten des alltäglichen Bedarfs besaß er eine staunenswerte Sorgfalt und dieselben eine schier unerklärliche Haltbarkeit, seine zehn oder zwölf Anzüge ebenfalls. Sein Fernseher, Wasch- und Spülmaschinen oder auch andere elektrische Geräte hielten jeweils Jahrzehnte oder überlebten ihn gar. Mit Ausnahme eines stationären PCs in seinem Haus, den er in den letzten 15 Jahren intensiv nutzte, verwendete er keine digitalen Geräte.

Es scheint, dass sein an Entbehrungen und Herausforderungen reiches Leben sich schon frühzeitig in eine asketische Grundstimmung hineingefunden hat, die nicht nur seine Lebenspraxis, sondern auch sein Denken prägte. Einsamkeitserfahrung und Einsamkeitsfähigkeit gehen offenbar einher mit Selbstgenügsamkeit, Enthaltsamkeit und einer gewissen Achtsamkeit gegenüber sich selbst und anderen. In diesem Kontext sei an Immanuel Kant erinnert, der in seiner »Grundlegung zur Metaphysik der Sitten« hervorhebt, dass der Mensch Pflichten gegenüber sich selbst, aber auch gegenüber anderen habe.[60] In Exerzitien der Askese und Einsamkeit werden offenbar Haltungen und Einstellungen geprägt, die eine tragende Rolle für unser gesamtes Leben spielen können.

a) Lernen

Ganz im Gegensatz zu den heute herrschenden Meinungen stellt das Lernen eine genuine Einsamkeitserfahrung dar. Die benachbarten Erschließungsformen des Lernens, das Erforschen, Verstehen und Erkennen werden hier dem Lernen assoziiert, weil sie ursprünglich mit dem Lernen verbunden scheinen. Lernen heißt fast immer auch verstehen von etwas oder auch erkennen von etwas, wobei der Vorgang des Verstehens hier nach Dilthey den geisteswissenschaftlichen Fächern, der des Erkennens den naturwissenschaftlichen Fächern nebst der Mathematik zugeordnet wird. Die meisten großen Entdeckungen und Erkenntnisse der Menschheitsgeschichte sind in der Einsamkeit entstanden. Daran ändert auch die Tatsache nichts, dass in den letzten Jahren und Jahrzehnten kooperative Forschungsverbünde bei der Entdeckung bahnbrechender Erkenntnisse eine zentrale Rolle gespielt haben.[61] Lernen und Forschen sind – bis heute! – in ihrem Kern eine einsame Angelegenheit.

Eines der berühmtesten und bekanntesten Beispiele für den Erkenntnisgewinn in und durch die Einsamkeit liefert uns die Philosophie mit René Descartes »Meditationen«. Das epochemachende Werk wurde 1641 veröffentlicht und beginnt mit der Beschreibung, wie sich der Denkende – hier Descartes – von der Welt zurückzieht in einen Raum seines Hauses, um über zentrale Fragen der menschlichen Erkenntnis in Ruhe nachzudenken. Die Grundhaltung dieses denkenden Sich-Zurückziehens ist eine meditative. Der von dem lateinischen meditari abstammende Begriff bezeichnet ursprünglich eine Form der geistigen Zurüstung, eine gedankliche Vorbereitung und Selbstbesinnung. Als Vorbereitung für sein epochales Denkexperiment schafft Descartes also zunächst einmal die äußeren und inneren Voraussetzungen: »Da trifft es sich günstig, dass ich heute meinen Geist von allen Sorgen befreit habe, dass ich mir eine sichere Muße in einsamer Zurückgezogenheit verschafft habe: so will ich denn endlich ernsten und freien Sinnes zu diesem allgemeinen Umsturz meiner bisherigen Meinungen schreiten.«[62]

Die Ausgangsposition für Descartes' philosophisches Denken ist die Suche nach einem unerschütterlichen Fundament (fundamentum inconcussum) für die Wissenschaft, und das heißt im 17. Jahrhundert: Für die Philosophie, die damals noch als die Königin aller Wissenschaften galt. In der Einleitung zu den »Meditationen« heißt es dazu: »Schon vor einer Reihe von Jahren habe ich bemerkt, wieviel Falsches ich in meiner Jugend als wahr habe gelten lassen und wie zweifelhaft alles ist, was ich hernach darauf aufgebaut, und daß ich daher einmal im Leben alles von Grund aus umstoßen und von den ersten Grundlagen an neu beginnen müsse, wenn ich endlich einmal etwas Festes und Bleibendes in den Wissenschaften ausmachen wolle.«[63]

Das methodische Rüstzeug, auf das sich Descartes bei dieser folgenschweren Denkoperation stützt, ist der Zweifel. Der französische Philosoph beschließt, alle bisherigen Überzeugungen und Erkenntnisse zu verwerfen, wenn an ihnen ein begründeter Zweifel besteht. Die Folgen dieses radikalen Vorgehens sind gewaltig. Nach und nach fällt eine Bastion wissenschaftlicher Erkenntnis nach der anderen, bis Descartes schließlich sogar an der Allgüte Gottes zweifelt, die uns zuletzt die Gewissheit der reinen Mathematik verbürgt: »So will ich denn annehmen, dass nicht der allgütige Gott, die Quelle der Wahrheit, sondern dass irgendein böser Geist, der zugleich höchst mächtig und verschlagen ist, allen Fleiß daran gewandt habe, mich zu täuschen.«[64]

Mit dieser Erfindung eines Betrügergottes (genius malignus) zerstört Descartes die letzten Fundamente des abendländischen Wissens im 17. Jahrhundert und schafft eine neue Bezugsgröße im wissenschaftlichen Denken der Neuzeit: Das subjektive Bewusstsein oder abgekürzt das Cogito. Das cartesianische »Ich denke, also bin ich!«, das nach diesem radikalen Zweifelsgang als letzte Gewissheit übrigbleibt, wird damit zur Grundfigur des neuzeitlichen Denkens – bis heute. Man kann mit Kant hier wohl von der ersten kopernikanischen Wende in der geistigen Entwicklung der Menschheit sprechen, und die Grundfigur dieser Denkbewegung ist eine Wende zur Einsamkeit: Wahre Erkenntnis findet der Mensch nur in sich selber, indem er von allem anderen absieht und sich befreit!

Die Konstituenten dieses Lern- und Erkenntnisvorgang hängen ganz wesentlich mit der spezifischen Einsamkeitssituation zusammen: Das denkende Ich erörtert mit seinem Selbst – quasi seinem mentalen Denkpartner! – in strenger Abgeschiedenheit seine Gedanken. Die bereits genannten fünf Strukturmomente der Einsamkeit werden dabei paradigmatisch eingelöst: (1) Wir sind mit unserem Bewusstsein und seinem Doppelgänger allein, (2) wir halten in unserem Dasein inne und sehen ab von allem Äußeren, (3) wir befinden uns in einem Zustand tiefster Stille und Konzentration, (4) wir vergessen die Zeit, wir sind der Zeit enthoben und (5) wir befinden uns in einem intensiven Dialog mit unserem Selbst.

Ein Dilemma unserer heutigen Lernkultur besteht darin, Einsamkeit als wesentlichen Bestandteil des Lernens immer mehr zu diskreditieren und zu marginalisieren. Zwar ist ein immer wiederkehrendes Mantra gegenwärtiger Didaktiken die Befähigung von Schülerinnen und Schülern zu selbstständigem Lernen, aber mit dieser Autonomie ist nicht die Befähigung als vereinzeltes, handlungs- und denkfähiges Subjekt gemeint, sondern immer als autonomes Subjekt in der Gemeinschaft der Vielen.

Dieser kritische Einwand ist nicht neu; Konrad Liessmann, einer der profiliertesten Kritiker des zeitgenössischen Bildungsdenkens, hat auf diese Fehlentwicklung mehrfach hingewiesen und auf die Unvereinbarkeit einer (leider wohl vergangenen!) Didaktik der Muße und Einsamkeit mit den gegenwärtigen Bildungstheorien aufmerksam gemacht: »Zur Muße und zu einer Bildung, die sich einer eigenen Zeitordnung verdankte, gehörte auch die Erfahrung der Einsamkeit. Umgekehrt aber bedeutete dies, dass auch Lehrer wissen, dass sie mit ihrem Enthusiasmus nicht alle, mitunter nur den Einzelnen erreichen können. Solch eine Individualisierung ist allerdings aktuell nicht vorgesehen. Bildung, für die Muße eine Voraussetzung wäre, verstieße gegen ein zentrales Paradigma aktuellen Bildungsdenkens: die Gemeinschaft, die Gruppe, das Team, das Netz. Dass Bildung einsam machen kann, dass Muße eine Erfahrung ist, die auch eine Form der Zurückgezogenheit bedeuten kann, einen Schnitt zwischen sich und der Welt, widerspricht jenen Prinzipien, die in der Konnektivität das Apriori unserer Existenz und damit auch der Bildung sehen wollen.«[65]

Diese Kritik ist nicht nur eindringlich zu wiederholen, sondern muss noch verstärkt werden. Wer Bildung nicht auch als ein zentrales Exerzitium unseres Daseins begreift, das in der beglückenden, einsamen Auseinandersetzung mit den Gegenständen des Geistes und der Natur unseren eigenen Geist und unsere Persönlichkeit bildet und wachsen lässt, der schneidet den Menschen von einer seiner wichtigsten Daseinsquellen ab. Bildung wird weder begriffen noch zu Ende gedacht, wenn Individualisierung stets nur als gruppenmotorisches Akzidens kategorisiert wird. Individualisierung als Bildungsprozess bedeutet immer auch Vereinzelung, Alleinsein, Abstand einnehmen und Abstand halten zu den Anderen und zur Gesellschaft. Natürlich sollte dies kein Dauerzustand werden, es ist aber ein temporär notwendiger und auch erstrebenswerter Zustand, der unserem innersten Wesen entspricht und außerordentliche wissenschaftliche Leistungen vielfach erst ermöglicht. Eine Bildung, die dieser Einsamkeit der

(Selbst-)Erkenntnis keinen Raum gibt, verfehlt nicht nur ihr Ziel, sie entfremdet den Menschen von sich selber. Friedrich Nietzsche hat bereits vor 141 Jahren dieses Defizit öffentlicher Bildungsanstalten erkannt und kritisiert. Der große Einsame der modernen Philosophie und Literatur, der seinen *Zarathustra* einen »Dithyrambus auf die Einsamkeit«[66] genannt hat, wäre, wenn er 1881 die heutigen Zustände erlebt hätte, vermutlich schon acht Jahre früher (geistige Umnachtung Nietzsches ab Januar 1889!) wahnsinnig geworden: »Allmählich ist mir das Licht über den allgemeinsten Mangel unserer Art Bildung und Erziehung aufgegangen: Niemand lernt, Niemand strebt darnach, Niemand lehrt – die Einsamkeit ertragen.«[67]

Ein kritischer Blick auf gegenwärtige Formationen der Wissensvermittlung mag das Gesagte erhellen. Wenn man das heute noch durchaus gängige Prüfungsformat der Klausur (lat. claudere = abschließen, schließen) betrachtet, wird einem die ursprüngliche, genuine Einheit von Einsamkeit und Wissenserwerb noch einmal deutlich vor Augen geführt. Eine Klausur schreiben oder, wie man auch heute noch sagt, »in Klausur gehen« heißt, dass man sich freiwillig in eine künstlich erzeugte Einsamkeit begibt, um alleine mit sich und seinem Wissen eine gestellte Aufgabe in einer vorgegebenen Zeit zu lösen. Die Hilfsmittel, die man dabei benutzen darf, sind eng begrenzt: allenfalls eine Formelsammlung oder ein Wörterbuch sind zugelassen. Insbesondere ist vor allem nicht die Gemeinschaft mit anderen, die Kommunikation mit diesen, zugelassen, die Leistung ist in strenger Abgeschiedenheit zu erbringen.

Angesichts der geltenden Bildungsparadigmen kann es nicht verwundern, dass immer mehr Lernende mit diesem Prüfungsformat ihre Schwierigkeiten haben und dass zeitgleich die Philosophie der behördlich erlassenen und politisch gesteuerten schulischen Leistungsbewertung hauptsächlich einem Ziel dient: der – mittlerweile kaum noch verdeckten! – Marginalisierung der schriftlichen (Einsamkeits-)Leistung. Der Erfindungsreichtum der als Bildungsapostel und Menschenfreunde getarnten Bildungsverächter ist dabei erstaunlich: Angefangen mit der bedenkenlosen Aufwertung der sogenannten sonstigen Mitarbeit an den Oberstufen weiterführender Schulen, die in realiter zumeist nichts anderes als mündliche Mitarbeit bedeutet, über eine verdeckte Nivellierung und fachwissenschaftliche Aushöhlung durch kriteriengeleitete Bewertungsraster, die dem unwissenden Publikum als Objektivierung von Leistung verkauft werden, sowie eine Verlängerung der Schreibdauer, ist man mittlerweile bei einer

Surrogate-Technik angelangt, mit der man das Klausurformat durch mündliche Sprachprüfungen, Facharbeiten, Portfolios oder andere Ersatzprodukte zu verdrängen sucht.

Gerade während ich diese Zeilen niederschreibe, erschüttert eine Botschaft aus der Universität Vechta die Öffentlichkeit: In einer Germanistik-Klausur zur obligatorischen Einführungsvorlesung in die Sprachwissenschaft fallen 98 % der Teilnehmerinnen und Teilnehmer durch – so etwas hat es noch nie gegeben, das Entsetzen ist groß.[68] Das Interview mit dem Lehrenden, Professor Jochen A. Bär, das eine Reporterin der Wochenzeitschrift *Die Zeit* kurz darauf führt, ist paradigmatisch für die derzeitigen Schadensbegrenzungs- und Betroffenheitsdiskurse, die in der Bildungsöffentlichkeit kursieren und die, wie Liessmann einmal formuliert hat, »gekennzeichnet [sind] von großangelegten Selbstbetrugsmanövern.«[69] Gleichwohl sind der zugrundeliegende Fall und dieses Interview geeignet, genau das, was zuvor von mir gesagt wurde, eindrücklich zu untermauern.

Die Klausur, um die es hier offenbar geht, bestand aus Multiple-Choice-Fragen und Lückentexten; in einem Prüfungszeitraum von 90 Minuten sollten die Studierenden 60 Fragen beantworten, mit 30 Punkten hatte man bestanden.[70] Erschwerend kam hinzu, dass ein Zufallsgenerator die Reihenfolge der Fragen für jeden Prüfling individualisierte. Aus den Erklärungsversuchen des Lehrenden ragen einzelne Analysen heraus, die – nolens, volens – ein ungeschöntes Bild der gegenwärtigen Lage zeichnen. Im Zuge einer Präzisierung der Leistungsanforderungen in dieser Klausur erklärt Professor Bär, dass es für eine angemessene Vorbereitung nicht ausreiche, das in der Vorlesung Mitgeschriebene zu wiederholen: »Stattdessen sprechen wir darüber, warum es eine Orthografie gibt und welchen Prinzipien sie folgt. Es geht auch um Grammatikmodelle, um Sprachgeschichte, Dialekte, Fachsprachen. Und das Ganze auf akademischem Niveau.«[71] Weiter heißt es: Die Studierenden »müssen begreifen, dass es bei einem Universitätsstudium nicht ums Auswendiglernen geht. Sie sollen Theorien und Modelle verstehen, reflektieren und anwenden können. Die Antworten auf die Klausurfragen kann man nicht einfach aus den Semester-Unterlagen abschreiben. Es geht ums eigene Nachdenken.«[72]

Die tiefere Bedeutung dieser Sätze muss man sich einmal richtig klarmachen! Übersetzt heißt das so viel wie: Die Abiturienten haben kein akademisches Niveau mehr und sie sind nicht mehr in der Lage, selbstständig zu denken; jedenfalls haben sie das an den weiterführenden Schulen nicht gelernt. Eine Fülle von Betreuungsangeboten, die Professor Bär den Studierenden eröffnet hat, wurden nicht angenommen: Zu nennen wären Materialsammlungen, schriftliche Fragerunden, Tutorien und Sprechstunden. Hinzu kommt, und jetzt gelangen wir zu dem eigentlichen Thema, das folgende Problem: »Ich weiß aber auch, dass manche Studierenden mit gravierenden psychischen Problemen zu kämpfen haben seit der Pandemie. Das nehme ich sehr ernst, das nimmt unsere Universität sehr ernst. An allen Hochschulen wurden Beratungsangebote ausgebaut. Den Alltag zu strukturieren, fällt im Homeoffice vielen Menschen schwer. Die Studierenden trifft das noch härter, sie sitzen seit zwei Jahren zu Hause, manchmal im alten Kinderzimmer. Teilweise haben sie schon ihr Abitur unter Corona-Bedingungen geschrieben. Viele können sich nur noch schwer motivieren. Das Gefühl des Alleinseins hat zugenommen – das ist schlimm.«[73]

In der Tat, das ist schlimm! Viel schlimmer ist aber etwas ganz anderes! Die hier beschriebenen Phänomene, die man keinesfalls Professor Bär – und im Übrigen auch nicht seinen Studentinnen und Studenten! – anlasten kann, sind das Resultat einer völlig verfehlten Bildungspolitik, in der man ständig davon redet, Schüler zu autonomen Lernenden zu machen, in Wirklichkeit aber etwas ganz anderes passiert: Die didaktische Ideologie der Selbstermächtigung des Lernenden ist in Wirklichkeit eine Ideologie der Selbstvergessenheit des Lernenden. Warum die Studierenden die Lern- und Diskursangebote des Professors Bär nicht annehmen (können), ist mir völlig klar. In einem Denken, das die Didaktik zu einem Bildungs-Lieferando degradiert, können die Lern-Subjekte nur dann etwas leisten, wenn die pädagogischen Lieferdienste funktionieren; wenn Professor Bär – bildlich gesprochen – seine Angebote persönlich vor die Haustür gebracht hätte, wäre er vermutlich erfolgreicher gewesen. Unsere ganze Bildung ist ja gekennzeichnet durch ein universales Betreuungsversprechen und -angebot. Wenn etwas nicht funktioniert, ist erstens die Lehrperson schuld, zweitens müssen sofort Unterstützungs- und Betreuungsmaßnahmen her – der Gedanke einer Selbstverursachung ist damit von vornherein ausgeschlossen. In der didaktischen Terminologie spricht man hier auch vom »Nachsteuern« oder davon, »Abhilfe zu schaffen«. Keinesfalls kann man in einem solchen Universum der ständigen Betreuung, der Subsidiarität, der Betroffenheit und der subjektiven Verantwortungsfreiheit jemandem zumuten, etwas alleine zu machen – das ist geradezu unanständig.

Natürlich ist klar, dass die gegenwärtige Pandemie die geschilderten Probleme weiter verschärft. Sie kann dies aber nur, weil wir schon lange vorher versagt haben. Indem wir unseren Kindern und Jugendlichen nicht vermitteln, dass Einsamkeit und Lernen wesentlich zusammengehören und sie auch nicht befähigen, derartige Einsamkeitserfahrungen zu machen und erfolgreich zu bestehen, liefern wir sie genau dem aus, wovor wir sie bewahren wollen: der Einsamkeit der hilflosen Überforderung und des Versagens.

Ebenso kontraproduktiv wirkt sich aus, dass die gegenwärtige Unterrichtspraxis nach Möglichkeit jede Vereinzelung des Lernsubjekts zu vermeiden sucht. Wer sich die schier endlosen didaktischen Phantasien anschaut, wie Unterricht erfolgreich sozialisiert werden kann, begreift vieles. Angefangen von der Partnerarbeit über alle denkbaren kooperativen Lernformen bemüht man sich, Lernende ja nicht mit sich alleine zu lassen. Die Möglichkeit der allumfassenden, ubiquitären Konnektivität hat das Problem nicht entschärft, sondern verschärft. Es ist geradezu paradox, dass die Formel von der Individualisierung des Unterrichts dadurch, dass man das Individuum einer permanenten Zwangssozialisierung unterzieht, gerade nicht zu einer Individualisierung führt, sondern zu einer Sozialisierung der Unselbständigkeit. Dazu passt die Lehrerfahrung, dass es in der gegenwärtigen Unterrichtspraxis mittlerweile fast unmöglich geworden ist, in vielen Lerngruppen eine etwa zehnminütige Einzelarbeit durchzuführen, ohne dass sich nach spätestens 60 Sekunden die ersten melden, die nicht wissen, was sie genau machen sollen.

Daneben eröffnet die Gesellschaft der negativen Individualisierung noch ganz andere Möglichkeiten. Angesichts einer immer prekärer werdenden schriftlichen Leistungsfähigkeit von Lernenden an Schule und Universität sind manche Betroffene dazu übergegangen, bei Klausuren sogenannte Nachteilsausgleiche zu beantragen und in Anspruch zu nehmen. In einem Gespräch mit einem guten Freund, der an einer der größten Universitäten in Nordrhein-Westfalen arbeitet, teilte mir dieser mit, dass der Anteil der Studentinnen und Studenten, die an seiner Universität einen Nachteilsausgleich haben, mittlerweile bei über 20 % liege. Das heißt also, jeder fünfte Lernende hat ein Handicap und darf beim Klausurschreiben mehr Zeit beanspruchen, häufiger zur Toilette gehen, besondere Hilfsmittel beanspruchen usw. Mal abgesehen von dem organisatorischen Aufwand, den dieses Faktum zusätzlich verursacht, erstaunt die kreative Kehrtwendung im Umgang mit den eigenen Defiziten. Man scheint da mittlerweile schon weiter zu sein, als der hellsichtige Konrad Liessmann bisher erkannt hat, der über das Wissen und Unwissen aller am Bildungsprozess Beteiligten zutreffend befunden hat: »Niemand ist für das, was er tut oder kann, nicht tut oder kann, verantwortlich.«[74]

Jetzt wird, wen wundert es, für das alles natürlich die Gesellschaft verantwortlich gemacht – so wie es heute zum guten Ton gehört, seine Lehrerinnen und Lehrer dafür verantwortlich zu machen, dass man nichts gelernt hat. Wenn ich also Probleme habe, eine Klausur ordentlich zu schreiben, beantrage ich am besten einen Nachteilsausgleich. Die universale rhetorisch-politische Begründungsfigur, mit der dies alles fundiert und legitimiert wird, ist das Diskriminierungs-Argument. Da man ja heute auf keinen Fall einen Menschen, der etwas (vermeintlich!) nicht kann oder schlechter kann, diskriminieren darf, bekommt er gleich zusätzliche Rechte und Privilegien, um diese Diskriminierung in Form einer vermuteten Benachteiligung gewissermaßen von vornherein abzufedern, sprich auszugleichen. Teil dieser neuen Anti-Diskriminierungskultur ist neuerdings auch der Vorschlag, Ergebnisse von Klassenarbeiten und Klausuren nicht mehr im Plenum bekanntzugeben – es könnte sich ja jemand diskriminiert fühlen.

Natürlich geht es mir nicht darum, all jene, die wirkliche körperliche oder mentale Einschränkungen haben, hier anzugreifen oder in Misskredit zu bringen. Wenn die genannte Zahl, woran ich kaum zweifele, wirklich repräsentativ ist, dann frage ich mich allerdings, was dies über unsere Gesellschaft aussagt. Was sagt dies über die Gesundheit, Leistungsfähigkeit und Leistungsbereitschaft von etwa 20 % unserer Lernenden an den Universitäten aus? Was sagt dies über die Genehmigungskultur, das Bildungs- und Qualitätsbewusstsein unserer Behörden aus? Und was sagt dies über den Umgang mit sozialer Gerechtigkeit und Fairness in unserem Land aus?

Überdies zeigt sich bei dem ganzen Komplex auch noch ein gravierendes gesellschaftliches und ontologisches Problem. Da wir ja bekanntermaßen alle Individuen sind, die im Vergleich zu anderen naturgemäß anders sind, könnte man ja seine individuelle Andersartigkeit als Seinsdefizit uminterpretieren oder auch pathologisieren, um »Diskriminierungsvorteile« zu erlangen – Ärzte, die einem dabei helfen, findet man sicherlich; auch als politische Waffe eignet sich der Diskriminierungsvorwurf hervorragend – beide Spielarten, so mein Verdacht, werden in unserer Gesellschaft bereits ausgiebig verwendet. Die Frage ist, wo man dann anfängt und wo man dann aufhört. Wenn man dieses Prinzip konsequent zur Anwendung bringt, landen wir in einem Universum von Diskriminierenden und Diskriminierten. Zu dieser nihilistischen Praxis möchte ich gerne auch noch eine weitere Denkfigur beisteuern: Natürlich kann man den Diskriminierungsvorwurf selbst als einen Akt der Diskriminierung einstufen. Wenn ich jemanden beschuldige, dass er einen anderen oder andere diskriminiert, dann bezichtige ich ihn (heute!) einer schweren sozialen Missetat: Sie oder er hat andere Menschen (bewusst!) ausgegrenzt, sie herabgewürdigt und benachteiligt. Der Vorwurf impliziert, dass sich der oder die Diskriminierende mit diesem Verhalten selbst außerhalb einer demokratischen Werteordnung und fundamentaler Menschenrechte stellt – und das heißt: »Du gehörst nicht mehr zu uns!«

Wenn ich diese Gedankengänge mit dem gravierenden Handicap, unter dem mein Onkel gelitten hat, zusammenbringe, lässt mich das doch sehr nachdenklich werden. Abgesehen von der Tatsache, dass ihn seine Verletzung vor dem Fronteinsatz bewahrt hat, wofür er ein Leben lang dankbar war, erinnere ich mich nicht, dass diese Einschränkung bei ihm zu einem Nachteilsausgleich geführt hat. Er hätte, das weiß ich, auch niemals einen solchen in seiner Berufszeit beantragt – selbst wenn Aussicht auf eine Anerkennung bestanden hätte. Das wäre einfach nicht mit seiner Haltung zu vereinbaren gewesen. Im Gegenteil, ich bin überzeugt, dass ihn dieses Handicap motiviert hat, mit zusätzlicher Anstrengung an seinem beruflichen und auch persönlichen Erfolg zu arbeiten.

Zuletzt möchte ich noch einmal auf das Thema Fairness zu sprechen kommen. Dass unser Bewusstsein für Fairness in diesem Kontext bereits stark gelitten hat, zeigt noch ein anderes Beispiel. Die Fortsetzungsgeschichte unseres Klausurbeispiels ist nämlich die Facharbeit, die Seminararbeit, die Bachelor-, Master- und Doktorarbeit. Alle diese Leistungs- und Prüfungsformate sind mit wachsenden Einsamkeitsanforderungen verknüpft: Die Bewältigung derartiger Schreibformate verlangt eine ausdauernde, einsame, selbstgesteuerte Beschäftigung mit eigenen sowie fremden Texten, Theorien und Meinungen, die man in eine kohärente, formal und sprachlich angemessene Form zu bringen hat. Auch hier zeigt sich ein zunehmendes Unvermögen vieler Studierender, mit diesen Einsamkeitsanforderungen angemessen und produktiv umzugehen.

Das Prekäre an diesem Defizit ist nun allerdings, dass die Einsamkeitsunfähigkeit nun vielerorts in eine bedenkliche Betrugsfähigkeit umschlägt. Nicht erst seit den Plagiatsvorwürfen gegen Politiker wie Karl-Theodor zu Guttenberg, Annette Schavan, Silvia Koch-Mehrin oder zuletzt Franziska Giffey, denen man den Doktortitel aberkannt hat, weiß man, dass auch eine wachsende Anzahl von Studierenden und Wissenschaftlern versucht, durch Plagiate an Seminarscheine, Abschlüsse und Stellen zu kommen. Mittlerweile sprechen Plagiatsjäger wie der Medienwissenschaftler Stefan Weber gar von einer regelrechten »Betrugskultur«[75], die sich an manchen Universitäten entwickelt habe. Um Plagiatoren auf die Spur zu kommen, rüsten immer mehr Universitäten digital auf und untersuchen verdächtige Abschlussarbeiten nun mit einer speziellen Plagiatssoftware wie Turnitin (Turn it in = Gib es ab!). Allein die Tatsache, dass ein derartiger Aufwand notwendig erscheint, zeigt zum einen, wie stark das Vertrauen in die wissenschaftliche Rechtschaffenheit der Studierenden mancherorts bereits erschüttert ist. Zum anderen dokumentiert dieses Verhalten auch das wachsende Unvermögen vieler Studierender, Lernleistungen in der Abgeschiedenheit zu erbringen.

Abschließend wird man festhalten können: Lernen und Einsamkeit sind zwei Strukturmomente unseres Daseins, die in einer engen Beziehung zueinander stehen. Die gegenwärtig vielfach propagierte Vorstellung, dass Lernen primär ein sozialer Prozess sei, geht an Grundzügen der menschlichen Seinsverfassung vorbei. Verstehen und Erkennen sind Prozesse, die der Mensch zumeist in seinem Inneren in Gang setzt und abschließt. Selbst wenn er Erkenntnisse im Gespräch mit anderen gewinnt, was natürlich auch wünschenswert und möglich ist, muss er sie in seinem Inneren immer wieder repetieren, memorieren und expandieren, um sie und sich weiterzuentwickeln: »Bildung ist an Individuation gebunden und nicht verallgemeinerungsfähig.«[76] Lernen hat immer auch etwas mit Einsamkeit zu tun, und je mehr wir unsere Einsamkeitsfähigkeit entwickeln, desto intensiver können wir uns dem Lernen und seinen Gegenständen ungestört zuwenden. Natürlich ist Gemeinschaft auch beim Lernen wichtig, aber nichts von außen Kommendes kann den inneren Vollzug unseres Verstehens und Erkennens ersetzen oder uns abnehmen – wir sind mit diesem, einmal mehr! – allein.

b) Lesen

Auch das »Lesen ist ein einsames Geschäft«[77], wie Liessmann zu Recht bemerkt. Abgesehen vom Vorlesen, das wir ausgiebig eigentlich nur mit unseren Kindern machen (sollten), lesen wir fast ausschließlich allein. Das Paradox ist indessen: Wir lesen zwar allein, wir sind beim Lesen aber nicht allein. Denn wenn wir lesen, erschließt sich uns eine andere Welt, die von der unseren zunächst getrennt ist, aber im Akt des Lesens sich mit unserem Denken vermischt, dieses anregt, erweitert, inspiriert. Lesen wir etwa einen Roman wie Fontanes *Effi Briest*, dann lassen wir uns von dem Erzähler verführen, in die Figur der Heldin Effi Briest hineinzuschlüpfen, in ihre Gedanken- und Empfindungswelt einzutauchen, uns mit ihr zu verbünden, Mitgefühl mit ihr zu haben oder ihr Handeln und Denken vielleicht auch abzulehnen oder zu kritisieren.

Lesen ist zwar ein Akt in der Einsamkeit, in dieser Einsamkeit gewinnen wir aber viele neue Freunde, empfangen starke Anregungen, entwickeln unsere Einbildungskraft und erfahren oftmals mehr über uns selbst als über andere und die Welt. Die Schriftstellerin, Journalistin und Verlegerin Felicitas von Lovenberg meint ergänzend hierzu: »Lektüre ist ein Vademecum gegen Einsamkeit. Der Satz ›Booklovers never go to bed alone‹ bringt augenzwinkernd auf den Punkt, dass Romane für gute Gesellschaft sorgen, und das in jedem (Lese-)Alter. Wer liest, ist nicht allein – und fürchtet sich nicht vor dem Alleinsein.«[78]

Eines der bleibenden Bilder, die ich von meinem Onkel in den letzten drei Jahrzehnten habe, ist seine tägliche Lektüre von Zeitungen. Stets lagen in seinem Wohn- und Arbeitszimmer Berge von Zeitungen, die er stundenlang studierte. Der Kanon seiner Lektüren umfasste die Lokalzeitung *Westfälische Rundschau* sowie die *Frankfurter Allgemeine*, die *Süddeutsche Zeitung* und die *Zeit*, ergänzt wurden diese Blätter gelegentlich durch die *Welt*, die *Zürcher Zeitung*, den *Spiegel* und auch das *Handelsblatt*. Er lebte frei nach den Prinzipien, auf die Otto Trsnjek in Robert Seethalers Roman *Der Trafikant* seinen Lehrling Franz Huchel kurz nach dessen Ankunft einschwört. Nach der Überzeugung von Otto Trsnjek sei »die Zeitungslektüre nämlich… überhaupt das einzige Wichtige, das einzig Bedeutsame und Relevante am Trafikantendasein; keine Zeitungen zu lesen hieße ja, kein Trafikant zu sein, wenn nicht gar: kein Mensch zu sein. Aber natürlich könne man unter einer richtigen Zeitungslektüre nicht einfach nur das flüchtige Durchblättern eines oder vielleicht zweier armseliger Tagesblättchen verstehen. Eine richtige, weil eben Hirn und Horizont gleichermaßen erweiternde Zeitungslektüre beinhalte *alle* sich auf dem Markt... befindlichen Zeitungen, wenn schon nicht von vorne bis hinten, so doch zumindest zu einem größeren Teil, was da heiße: Aufmacher, Leitartikel, die wichtigen Kolumnen, die wichtigsten Kommentare sowie die wichtigsten Meldungen aus Politik (Innen und Außen), Lokales, Wirtschaft, Wissenschaft, Sport, Kultur, Gesellschaft und so weiter.«[79]

Nur vereinzelt las er in den letzten drei Jahrzehnten noch fiktionale Literatur. Die Zeit seiner belletristischen Lektüre und Klassiker-Rezeption lag damals lange zurück, sie muss wohl von den 50er bis in die 70er Jahre gereicht haben und wurde in den nachfolgenden Jahrzehnten immer schwächer, bis sie wohl ganz versiegte. Obwohl er die wichtigsten Werke der Weltliteratur kannte und schätzte, wandte sich sein Interesse in den letzten Jahrzehnten verstärkt dem politischen, ökonomischen, kulturellen und sportlichen Geschehen der Zeit zu, das er aufmerksam verfolgte. Die letzte fiktionale Textsorte, mit der er sich intensiv beschäftigte, waren die Glossen in den großen überregionalen Tageszeitungen, die er mit stets wachem Geist, sprachlicher Kennerschaft sowie großem Amüsement studierte und deren – nach seiner Auffassung – gelungensten Exemplare er mir oft schmunzelnd vortrug. In den letzten 15 Jahren seines Lebens, als es um ihn immer einsamer wurde – viele alte Freundinnen und Freunde waren inzwischen gestorben –, war diese intensive Zeitungslektüre eine wichtige Inspiration für die Gespräche, die er mit Freunden und Familienmitgliedern führte.

In der heutigen Zeit ist diese für unser Dasein zentrale (Einsamkeits-)Erfahrung intensiver Lektüre oftmals versiegt oder gar pervertiert. Der Umgang mit dem Smartphone etwa, auch wenn dort ständig irgendwelche Nachrichten von Chat-Partnerinnen oder -Partnern auftauchen, ist nicht durch ein Lesen gekennzeichnet, sondern durch ein Schauen, An- oder Zuschauen.[80] Etymologisch vom lateinischen Wort spectare abgeleitet, verrät uns die Begriffsgeschichte bereits, dass es bei dieser Form der Rezeption nicht primär um das Lesen geht, sondern um die Schau (engl. Show), das Spektakel. Dazu passt, dass viele der gesendeten Nachrichten mehr Bilder und Symbole als Text enthalten. Die Bandbreite der Botschaften wird daher auch für viele Benutzer zumeist durch zwei Extreme bestimmt: Entweder ist der Inhalt banal oder sensationell, zwischen diesen beiden Erregungszuständen gibt es nichts. Dass dieser Dauererregungszustand zwischen Banalität und Sensation ungesund ist, dokumentieren zahlreiche Studien zur Smartphone-Nutzung. Beispielsweise berühren sogenannte heavy user ihr Smartphone bis zu 5427 Mal am Tag, das weist jedenfalls eine Studie aus dem Jahr 2016 nach.[81] Auf welche Zahlen man im Jahr 2022, nach zwei Jahren Corona-Pandemie, kommen würde, mag man sich gar nicht vorstellen.

Selbst lektürestarke Kinder wie meine 13-jährige Tochter, die ein ausgesprochener Bücherwurm ist, können in den Strudel derartiger digitaler Süchte gerissen werden. Nachdem ein Chat zwischen Ihr und Freundinnen aus dem Ruder geriet und sie ein aufreibendes Wochenende mit massiv gesteigertem Handykonsum unter starker emotionaler Beteiligung durchlebte, musste man ihr das Gerät für einige Zeit entziehen, damit sie sich wieder auf sich selbst besinnen konnte. Ergänzend dazu fanden intensive Gespräche statt, die das Problematische solcher Form der Kommunikation sichtbar zu machen suchten.

Soziale Online-Medien produzieren in vielen Fällen genau das, was sie angeblich eigentlich vermeiden wollen: Unzufriedenheit und Einsamkeit. Sie fördern eine Form der Selbstbezogenheit, die uns nicht gut tut und die für unsere persönliche Entwicklung selten produktiv ist. Analog dazu resümiert Spitzer in einer kritischen Auswertung neuester Studien zum Thema: »Das permanente Vergleichen mit anderen, die eigene soziale Orientierung ›nach oben‹ und Selbstunsicherheit sind vorrangige Persönlichkeitseigenschaften, die in Verbindung mit sozialen Onlinemedien besonders krank machen.«[82]

Dass in der Corona-Pandemie viele Menschen Einsamkeitserfahrungen beklagen, hängt auch damit zusammen, dass eine defiziente Lesepraxis unsere Einsamkeitsfähigkeit stark geschwächt hat. Was sich schon seit einigen Jahren bei Heranwachsenden abzeichnet, wird in der 2021 veröffentlichten PISA-Sonderstudie »21st-Century Readers« nun überdeutlich sichtbar: Die Untersuchungen von Einflüssen des digitalen Nutzungsverhaltens auf Lern- und Lesefähigkeiten von 15-jährigen Schülerinnen und Schülern fördern Bedenkliches zutage. Demnach steigt die wöchentliche Internetnutzung dieser Zielgruppe zwischen 2012–2018 von 21 auf 35 Stunden, was eine Steigerung von 66 Prozent in sechs Jahren bedeutet, gleichzeitig »haben Schülerinnen und Schüler laut der Studie immer weniger Lust zu lesen«.[83] Diese Entwicklung setzt sich im Erwachsenenalter fort und verstärkt eben jene Phänomene, die jetzt überall beklagt werden.

Wer in seiner Kindheit und Jugend nicht das Lesen gelernt hat, kann für sein späteres Leben als Erwachsener keine tragfähigen und wirksamen Leseselbstkonzepte entwickeln. Paul Auster bemerkt hierzu treffend: »Ebenso wird ein Kind, wenn man ihm den Zutritt zum Phantastischen verwehrt, nie mit der Wirklichkeit zu Rande kommen. Das Bedürfnis eines Kindes nach Geschichten ist so fundamental wie sein Bedürfnis nach Nahrung, und es manifestiert sich auf die gleiche Weise wie Hunger.«[84]

Anders ausgedrückt: Lesen fördert eine äußerst produktive Einsamkeitsfähigkeit, die unsere Persönlichkeit entwickelt und zugleich eine hohe Immunitätswirkung gegen mentale und soziale Vereinsamung hat. Denn nichts hält unseren Geist wacher und unsere Persönlichkeit sozial kompatibler als Wissen aus der unerschöpflichen Bibliothek der Welt. Wer liest, trainiert seine Kommunikationsfähigkeit, seine Phantasie, seine Empathie und seinen Intellekt.

c) Schreiben

Eigentlich soll man, vor allem in wissenschaftlichen Arbeiten, keine Zitate vorausschicken, um sie anschließend zu erklären. In diesem Kapitel verstoße ich ausnahmsweise gegen dieses und ein anderes Schreib- oder besser Stilgesetz: Das Zitat soll unkommentiert seine Wirkung entfalten können. Und es gibt keine Überleitung von dem vorhergehenden Kapitel über das Lesen zu diesem. Warum das alles? Weil es um das Schreiben geht und wir durch diesen kleinen Stilbruch gleich mitten ins Schreiben hineinkommen, in das Schreiben hineingezogen werden:

> Man findet die Einsamkeit nicht, man stellt sie her. Einsamkeit stellt man selbst her. Ich habe sie selbst hergestellt. Weil ich beschlossen habe, dass ich hier allein sein sollte, dass ich hier allein wäre, um Bücher zu schreiben.[85]

Haben Sie schon einmal darüber nachgedacht, dass man eigentlich beim Schreiben immer allein ist, also mit sich »in Klausur geht«, sich von der Außenwelt isoliert und abschließt? Ich meine, wenn man richtig schreiben will – also keinen Einkaufszettel, kein Protokoll über irgendeine unwichtige Versammlung, keinen Gebrauchstext herstellt. Richtig schreiben heißt, wie Margeruite Duras in dem oben wiedergegebenen Zitat sagt, sich in die Einsamkeit zurückziehen und über sich und die Welt nachdenken und darüber etwas zu Papier bringen. Man muss als Autorin oder Autor eine Stille um sich und in sich herstellen, damit die Wörter und Sätze entstehen, fließen können. Wahrscheinlich gibt es auch Menschen, die im größten Lärm schreiben können, weil sie sich innerlich irgendwie gegen das lärmende Draußen abschotten können, es dürften aber Ausnahmen sein. Die meisten, die schreiben wollen, benötigen diese Stille und Einsamkeit, wie schon Petrarca wusste, der folgende Empfehlung gibt: »Wer sich ans Schreiben macht, soll sich also einen dunklen und ruhigen Ort aussuchen.«[86]

Jedes Schreiben braucht – anders als das Lesen – auch einen bestimmten Ort. Die meisten von uns schreiben immer an demselben Ort, sind beim Schreiben situiert in einen Raum, umgeben von bestimmten Möbeln, von bestimmten Lichtverhältnissen, Geräuschen, Bildern, Gerüchen, haben ihr Schreibwerkzeug, ihre Bücher, einen Schreibtisch und vieles mehr. Ich selbst, während ich hier schreibe, sitze an meinem kleinen Schreibtisch an einem PC, eingelassen in eine Bücherwand, vor mir – hinter dem Bildschirm – meine kleine Handbibliothek mit etwa 40–50 Büchern, die ich für dieses Manuskript ständig benötige. Um mich herum Hunderte, Tausende von Büchern, die meine Wohnung bevölkern, die im Grunde eine Bibliothek ist; eine Bibliothek, die mit einigen zusätzlichen Accessoires ausgestattet ist: Einem großen Esstisch mit sechs Stühlen für die Freunde, einer Couch, einem Lesesessel, einer kleinen Küche, in der – als einzigem Raum – keine Bücher stehen, einem Schlafzimmer (mit vielen Büchern), einem kleinen Bad und einer Diele, in der natürlich auch kleine Bücherregale für die Reclam- und Manesse-Bände stehen. In dieser speziellen Aura entstehen meine eigenen Texte.

Der Schriftsteller Uwe Timm, dem wir einige tiefsinnige Reflexionen über das Schreiben verdanken, und der sich stark für die räumliche Umgebung, in der Schreiben stattfindet, interessiert, sagte einmal: »Ich denke, dass es eine vertrackte, höchst komplizierte Homologie gibt zwischen dem Schreibtisch, dem Sessel, der Lampe und dem, was und wie geschrieben wird.«[87] Der Begriff Homologie, den Timm verwendet, hat eine lange philosophische Tradition. Er bezieht sich beispielsweise auf die Übereinstimmung zwischen vernünftigem Denken und Handeln, wie sie etwa die antike Philosophie der Stoa fordert.

Man sieht: Das Schreiben ist ein meditativer Akt, in dem man sich auf sich selbst zurückzieht, zu der Welt und den anderen Abstand gewinnt, einen Raum der Stille schafft, in sich selbst hineinhört, auf die Stimme horcht, die diese Worte hervorbringt: »Es bedarf immer einer Trennung von den anderen Leuten um die Person herum, die Bücher schreibt. Das ist Einsamkeit. Das ist die Einsamkeit des Autors, die des Geschriebenen.«[88] Jede und jeder von uns sollte frühzeitig in die Lage versetzt werden, solche Schreibräume für sich zu schaffen. Das kann bei kleinen Kindern anfangen mit dem Schreiben einer Geburtstagskarte, beim Hausaufgabenmachen und sich fortsetzen beim Abschreiben eines Textes oder Textausschnitts, der uns gefällt, beim Briefeschreiben oder beim Tagebuchführen. Das Schreiben ist, seitdem Homer im 8. Jahrhundert vor Christus die *Ilias* geschrieben hat, eine der ältesten Daseinsformen, sich in die Einsamkeit einzuüben, mit sich selbst ins Reine zu kommen.

Handschriftliche Aufzeichnungen spielen für den Schreibprozess dabei bis heute eine wichtige Rolle. Auch wenn die meisten, die heute schreiben, ihre Texte auf einem Notebook oder PC produzieren, so gibt es doch bei vielen noch handschriftliche Skizzen, Schreibhefte, Entwürfe auf losen Blättern, Zettel. Wir wissen beispielsweise von Kafka, dass sein Schreiben ein schwerer innerer Kampf war: Die überlieferten Skizzenhefte, die es zu seinem Romanfragment »Der Process« gibt, dokumentieren, dass dieses Schreiben selbst ein Prozess gewesen ist, den Kafka gegen sein Ich geführt hat. Das Geschriebene, die Schrift wird zur Anklageschrift einer feindseligen Welt, die unsere – und damit auch Kafkas Schuld – zu beweisen und zu bestrafen sucht.

Worum es mir in diesem Zusammenhang aber insbesondere geht, ist der Hinweis darauf, dass die Handschrift, unser manuelles Schreiben, für das (poetische) Schreiben weiterhin von zentraler Bedeutung ist und auch bleiben wird. Wir wissen heute, dass das Schreiben ein sensomotorischer Vorgang ist, der in unserem prozeduralen Langzeitgedächtnis abgespeichert wird.[89] Wenn wir schreiben, werden wesentlich mehr Hirnareale aktiviert, als wenn wir auf der Tastatur unseres Notebooks oder iPads herumtippen. Die Auswertung von Mitschriften aus einer Video-Vorlesung im Rahmen einer Vergleichsstudie an der UCLA (University of California in Los Angeles) hat gezeigt, dass der Wissensstand der Lernenden, die ihre Mitschriften auf Papier anfertigten, jenem, die auf einem Laptop mitschrieben, teilweise deutlich überlegen war.[90] Eine differenzierte Untersuchung der Aufzeichnungen und der mit diesen verbundenen Wissensformationen und Fähigkeiten der Probanden wies nach, dass die beiden Gruppen zwar beim Faktenwissen gleichauf waren, nicht aber bei der konzeptionellen Durchdringung und Anwendung des Rezipierten, hier zeigten die Analog-Lernenden einen deutlichen Wissensvorteil gegenüber den Digital-Lernenden. Die Ergebnisse dieser weltweit beachteten Studie, die 2014 unter dem bezeichnenden Titel »The Pen is mightier than the Keyboard« in der Fachzeitschrift *Psychological Science* veröffentlicht wurde, beweist, »dass Handschrift nicht nur ein reines Schreibmedium ist, sondern ein elementares Denkwerkzeug. Wer diese Kulturtechnik gekonnt anwendet, hat offenbar mehr vom Stoff, kann konzentrierter und nachhaltiger lernen. Das Vermögen, eigene Gedanken zu formulieren und vorzutragen, an Diskussionen teilzunehmen und Urteile zu fällen, hängt vollkommen ab von der Solidität des vorher Erlernten: Lesen, Schreiben, Denken.«[91]

Ich kann diese Befunde aus meiner eigenen Schreibpraxis nur bestätigen. Zwar schreibe ich diesen Text hier (gerade!) auf meinem PC; ich wäre dazu aber überhaupt nicht in der Lage, wenn diesem Schreiben nicht ein wochenlanges Exzerpieren von Texten, seitenlange Notizen in meinen Skizzenbüchern, Schreib- und Gliederungsentwürfe sowie unzählige Notate auf Schmierzetteln vorangegangen wären. Bevor ich zum Schreiben komme, befasse ich den Stoff und mich selber gewissermaßen manuell, knete ihn durch, portioniere ihn, füge neuen Stoff hinzu, reduziere ihn wieder, verarbeite und überarbeite ihn – und das alles geschieht zum größten Teil manuell, eben handschriftlich. Dabei ist Schreiben immer ein Quartett von Lesen – Schreiben – Denken – (Be-)Sprechen, das gegenseitig korreliert, sich korrigiert, inspiriert und bestenfalls potenziert. Insbesondere die an der kritischen Lektüre meiner Manuskripte beteiligten Freunde dürfen nicht vergessen werden, die mir unverzichtbare Rückmeldungen, Anregungen, Verbesserungsvorschläge und Lektürehinweise geben. Das Schreiben selbst ist – jedenfalls für mich – gewissermaßen die sinnliche Seite des Denkens, wie sie das lateinische Wort capere (fassen, erfassen), etwa in dem umgangssprachlichen »Kapierst du das?« bildlich zur Vorstellung bringt.

Alle diese hier beschriebenen Schreibprozesse und die ihnen assoziierten Lese- und Denkprozesse vollziehen sich größtenteils in der Einsamkeit. Natürlich werden diese Schreibprozesse – wie bereits erwähnt – unterbrochen von Gesprächen mit Freundinnen und Freunden, gibt es Teillektüren des Geschriebenen oder eines ersten Manuskriptentwurfs von anderen, teilweise auch professionellen Lesern wie Lektorinnen oder Lektoren. Aber nach jedem Austausch mit der Außenwelt, sofern das Manuskript noch nicht fertiggestellt ist, kehren wir wieder in unsere Schreibeinsamkeit zurück, tauchen erneut in das Wechselspiel von Lesen – Denken – Schreiben ein und versuchen, unseren Text zu einem Ende zu bringen. Da die wenigsten von uns vermutlich Kafkas existenzielle Schreiberfahrung nachvollziehen müssen oder auch können, dürfen wir hoffen, mit unseren Texten – anders als der vollendete Unvollendete der literarischen Moderne – an ein Ende zu kommen.

Von diesen Reflexionen ausgehend, schauen wir einmal auf unsere Gegenwart. Ich leite über zu einem Gedankenexperiment, zu dem ich meine Leserinnen und Leser einlade. Stellen Sie sich einmal vor, Sie würden sich mit ihrem Handy, also dem mobilen Endgerät, mit dem man heutzutage nachweislich am meisten »schreibt« und »liest«, an einen abgeschiedenen Ort zurückziehen, um dort in aller Ruhe – mit sich selbst allein –, etwas zu schreiben. – Schon bei dem bloßen Gedanken fange ich an zu schmunzeln, weil bereits die Vorstellung, mich mit einem Smartphone zum Schreiben zurückzuziehen, grotesk und absurd auf mich wirkt. Zugleich zeigt dieses Beispiel, wie stark das Schreiben heute durch die neuen Medien entsubstanzialisiert worden ist: Die geographische Ortlosigkeit unseres Schreibens (und Lesens) mit dem Smartphone entspricht der geistigen Ortlosigkeit dieses Vorgangs – wir sind weder bei uns noch bei jemand anderem noch irgendwo. Hinzu kommt, dass dieses Schreiben (und Lesen) unter einem ständigen Zeitdruck geschieht. Wir haben eigentlich gar keine Zeit, uns mit diesen Nachrichten, die uns da ständig erreichen, intensiver auseinanderzusetzen. Wir studieren oder reflektieren sie nicht, sondern wir konsumieren sie, und aus dieser Konsumhaltung heraus schreiben wir selbst unsere Nachrichten, die wiederum von anderen konsumiert werden – ein geradezu nihilistischer Prozess der Sinn- und Bedeutungsentleerung. Die Homologie des 21. Jahrhunderts, um an Uwe Timm anzuknüpfen, scheint die Dialektik zwischen den immer weiter anwachsenden Datenmengen und unserer ebenfalls immer weiter wachsenden Ahnungslosigkeit, Unwissenheit und Einsamkeit zu sein.

Ernst Bloch hat in diesem Zusammenhang die These formuliert, dass der Kapitalismus den Menschen in die Einsamkeit treibe, indem er genau diese Spannung zwischen Vereinzelung und Vergesellschaftung des Individuums ausnutze.[92] Einerseits strebe der Mensch nach egoistischer Vereinzelung, andererseits versuche er ihr, wenn sie ihn überwältige, zu entfliehen. Diesen Zustand des Überdrüssig-Seins, der Flucht vor der Einsamkeit, mache der Kapitalismus zu seinem

Geschäftsmodell: Er verleite den Menschen zum Konsumieren, und da die Produkte so beschaffen seien, dass sie den Menschen von sich selbst entfremden, verursachen sie neue Einsamkeit und neuen Konsum – eine unendliche Spirale, der man nur durch gesellschaftliche Umwälzung entkommen könne. – Auch wenn man kein Anhänger marxistischer Theorien ist, kann man sich der Plausibilität dieser Argumentation kaum entziehen. Und dies vor allem mit Blick auf die zunehmende Digitalisierung unseres Lebens und die damit verbundenen Einsamkeits-Effekte, die immer offensichtlicher werden.

Abschließend sei gesagt: Schreiben ist eine der herausforderndsten und wichtigsten Daseinserfahrungen, die der Mensch machen kann; sie erschließt uns zugleich einen privilegierten Weg zu einer produktiven, kreativen Einsamkeit, die uns nicht nur hilft, unser Selbst zu erschließen und es wachsen lässt, sondern die auch hilft, die Welt um uns herum zu verstehen. Dass dieser Daseinszugang heute, wie die damit verbundenen – teilweise hitzig geführten – Bildungsdiskussionen zeigen, immer mehr Heranwachsenden verschlossen bleibt, ist eine der düstersten Erfahrungen der gegenwärtigen Bildungsentwicklung. Auch der immer lauter werdende Ruf nach einer Digitalisierung von Unterricht muss mit Skepsis gesehen werden, denn es steht zu befürchten, dass diese Digitalisierung zu einer weiteren, sich nachhaltig auswirkenden, Marginalisierung des Schreibens führen wird.

d) Lachen

Auf der Suche nach einem digitalen Fingerabdruck meines verstorbenen Onkels in den Tiefen des Internets stieß ich Ende 2021 auf einen in Auszügen veröffentlichten Leserbrief von ihm, den die Süddeutsche Zeitung 2010 online gestellt hatte. Den Auslöser seines humorvoll-entrüsteten Beitrages konnte ich leider nicht mehr ausfindig machen; ich gehe davon aus, dass es sich um einen religionskritischen Beitrag handelte, der in dem christlich-konservativen Bundesland Bayern für einige heftige Reaktionen gesorgt hatte, da sich die SZ wohl veranlasst sah, eine ganze Reihe von Leserbrief-Reaktionen abzudrucken. Der Ausschnitt, den ich hier wiedergebe, entwickelt in Abwandlung der klassischen Redefigur einer reductio ad absurdum das folgende Gedankenspiel: »[Die Ausführungen von XY, RW] müsste[n] von Ihnen eigentlich um die Frage ergänzt werden, ob wir jetzt eine zweitausend Jahre alte Kulturgeschichte des christlichen Abendlandes auf den Müll werfen sollten. Und was geschieht mit dem Vatikan, den vielen Klöstern, Wallfahrtsstätten, den christlich-caritativen Einrichtungen und den wunderschönen Kirchen. Auf Bayern bezogen käme dann etwa in Betracht, die Theatinerkirche in einen Tanzpalast, die Michaelikirche in eine Aldi-Filiale und die Wieskirche in eine Bierwiesen umzuwandeln.«[93]

Der Leserbrief, den ich hier nicht weiter kommentieren will, zeigt einerseits ein gewisses Niveau an Formulierungskunst, andererseits verdeutlicht er eine humorvolle Grundhaltung, die ihn zeitlebens auszeichnete. Sein an Widersprüchen, Katastrophen und Irrtümern reiches Leben konnte er auch deshalb bewältigen, weil er über dieses Leben und sich selber lachen konnte. Walter Grasskamp ordnet dem Humor genau diese Eigenschaft zu: »Es liegt im Wesen des Humors, dass man die Widersprüchlichkeit nicht nur der Welt, sondern seiner eigenen Existenz versteht.«[94] Zugleich verhalf ihm diese humorvolle Sicht auf die Dinge und sich selber zu einer ausgewogenen Lebensbalance, die ihn vor großen Enttäuschungen bewahrte. Die Bedeutung einer derartigen Disposition für unser Dasein betont auch Odo Marquard, einer der humorvollsten Denker des 20. Jahrhunderts, der überzeugt ist, dass der Humor »zur Kultur der Einsamkeitsfähigkeit gehört«.[95] Marquard war es auch, der in einem anderen Beitrag über das Komische[96] auf ein Wort Kants aus der *Kritik der Urteilskraft* hinwies, in dem dieser die besondere Bedeutung des Lachens für unser Dasein würdigte: »Voltaire sagte, der Himmel habe uns zum Gegengewicht gegen die vielen Mühseligkeiten des Lebens zwei Dinge gegeben: Die Hoffnung und den Schlaf. Er hätte noch das Lachen dazu rechnen können.«[97]

Amüsant ist zunächst, dass die ursprüngliche Bedeutung des Begriffs etwas mit Körpersäften zu tun hat. In der antiken Körpersäfte- und Temperamentenlehre des Hippokrates von Kos (460–375 v. Christus) werden vier Arten von Säften unterschieden, denen vier Temperamente des Menschen zugeordnet werden: Man unterscheidet den Phlegmatiker (phlegma = Schleim), den Sanguiniker (sanguis = Blut), den Melancholiker (melancholia = schwarze Galle) und den Choleriker (chole = gelbe Galle). In der mittelalterlichen Naturlehre heißen diese Säfte humores (von lat. humor = Feuchtigkeit). Interessant ist in diesem Kontext auch, dass man dem Melancholiker spätestens seit dem 18. Jahrhundert eine besondere Einsamkeitsnähe und Einsamkeitsfähigkeit unterstellt hat, wie auch Wolf Lepenies in seinem Standardwerk über *Melancholie und Gesellschaft* betont hat.[98] Zu erinnern wäre hier nur an Faust, der ja bekanntlich ebenfalls ein einsamer Melancholiker ist, wie schon die Eingangsszene des Menschheitsdramas zeigt, in der dieser sein einsames, freudloses und erkenntnisloses Leben beklagt: »Bilde mir nicht ein, was Rechts zu wissen, / Bilde mir nicht ein, ich könnte was lehren, / Die Menschen zu bessern und zu bekehren. / Auch hab' ich weder Gut noch Geld, / Noch Ehr' und Herrlichkeit der Welt; / es möchte kein Hund so länger leben!«[99]

Wenn keines dieser Temperamente den Vorrang hat und die Mischung dieser vier Körpersäfte ausgewogen ist, kann man davon ausgehen, dass der Mensch sich in einer ausbalancierten körperlichen und geistigen Verfassung befindet. Wenn also jemand Humor hat, dann heißt das ursprünglich, dass seine Körpersäfte eine ausgewogene Feuchtigkeit haben; später wird daraus die gute Stimmung, die eine Person hat. Bei meinem Onkel muss das ›Mischungsverhältnis‹ wohl gestimmt haben. Er war weder phlegmatisch noch cholerisch noch sanguinisch oder melancholisch. Im Umgang mit anderen Menschen war er stets von ausgesuchter Höflichkeit und Rücksichtnahme; ich kann mich nicht erinnern, ihn jemals aggressiv, beleidigend oder schimpfend erlebt zu haben. Wenige Monate vor seinem Tod zeigte er mir den Brief einer fünfundsechzigjährigen ehemaligen Mitarbeiterin, die ihm schrieb, dass er der beste Chef gewesen sei, den sie jemals gehabt habe: Immer fair, rücksichtsvoll, empathisch und voller Humor.

Die Haltung einer solchen humorvollen Distanz zu sich selbst und der Welt kann man nur in der Auseinandersetzung mit seinem eigenen Ich gewinnen. Karl Löwith hat in diesem Zusammenhang einmal über das abständige Wesen des Menschen gesagt: »Abstand nehmen besagt, dass man die fraglose Vorgegebenheit seiner selbst und der Welt preisgegeben hat, indem man sich von der Welt und sich selbst entfernt hat.«[100] Für diesen Prozess ist Einsamkeit nötig, denn Abstand zu uns und der umgebenden Umwelt mitsamt den anderen können wir nur gewinnen, wenn wir uns auf uns selbst konzentrieren. Um diese Haltung dauerhaft in unserem Wesen zu befestigen, bedarf es ständiger Übung. Löwith hat Recht, wenn er diesen Vorgang als ein Erkennen beschreibt: »Die Möglichkeit der Entfremdung vom Nächstgewohnten, vom Hergebrachten und Selbstverständlichen gehört zur Natur des alles in Frage stellenden Menschen. Das Allbekannte kommt damit allererst zur Erkenntnis.

Tiere kennen ihre Umwelt auf ihre Weise vermutlich viel besser und genauer als wir, aber sie erkennen sie nicht, weil sie weder sich selbst noch ihre Umwelt abständig wie etwas Fremdes in Frage stellen und besprechen können.«[101]

Humor ist Ausdruck dieses von Löwith beschriebenen Erkenntnisvorganges, der uns immer wieder darin erinnert, dass wir uns selbst und die anderen oft nicht verstehen können, dass wir uns ständig irren und dass wir scheitern. Um diese unvermeidlichen Daseinsverluste bekömmlich verdauen zu können, brauchen wir Humor, dessen Wirkung schon Peter L. Berger zutreffend als »die eines kurzen, erfrischenden Urlaubs von der Ernsthaftigkeit der Existenz«[102] beschrieben hat. Man kann »Humor auch ein Anästhetikum für unangenehme Erfahrungen«[103] nennen, wie Grasskamp pointiert formuliert. In jedem Fall drückt sich in dieser Disposition ein tieferes Verständnis von menschlicher Existenz und Welterfahrung aus, das man vermutlich nur dann gewinnt, wenn man »ein Verhältnis zum Weltganzen«[104] entwickeln kann. Ergänzend hierzu hat Heinrich Lützeler, ein subtiler Kenner des europäischen Humors, gesagt: »Es gibt offenbar eine Form des Scherzes, die auf die Ganzheit des Menschen zielt, und zwar nicht in der Bekämpfung, sondern in der Bejahung, in der Sorge um diese Ganzheit, die trotz aller Brüchigkeit und Fehler anerkannt wird.«[105]

Anders als viele meinen, gedeiht der Humor keineswegs nur in der Gesellschaft oder ist gar auf diese bezogen. Humor ist ein Zustand, der völlig gesellschaftsunabhängig ist. Im Gegensatz zum Witz, den man nur jemandem erzählen kann, braucht der Humor unser inneres Bewusstsein nicht zu verlassen und gewinnt allenfalls Sichtbarkeit in dem berühmten stillen Lächeln, das der Produzent oder die Produzentin eines humorvollen Gedankens oder Erlebens unbewusst erzeugt. Dies hat bereits Freud erkannt, der hierzu ausführt: »Der Humor ist die genügsamste unter den Arten des Komischen; sein Vorgang vollendet sich bereits in einer einzigen Person, die Teilnahme einer anderen fügt nichts Neues hinzu.«[106]

Die Unabhängigkeit des Humors von Anerkennung und Beifall lokalisiert seinen Ursprung in der Einsamkeit. Gleichwohl gewinnt er, wenn er das Ohr der Öffentlichkeit erreicht, viele Sympathien, denn er ist in seiner Beschaffenheit ohne jede verletzende Schärfe, verträglich und verbreitet gute Stimmung. Odo Marquard hat in diesem Zusammenhang mit Recht darauf hingewiesen, dass der humorvolle Mensch gelernt hat, »seine unmäßigen Kommunikationsansprüche«[107] zu reduzieren. Für ihn gilt die folgende Erkenntnis, welche der Gießener Ordinarius – wohl aus einer gewissen Selbsterfahrung – in eine einprägsame Wendung gebracht hat: »Je weniger Kommunikation jemand braucht, umso mehr Kommunikation gelingt ihm; denn je einsamer einer sein kann, desto weniger ist er es.«[108]

In dieser Hinsicht scheint Humor damit auch als Bewältigungsstrategie für Einsamkeit im Alter ein probates Mittel zu sein, wie schon Friedrich Georg Jünger wusste, der einmal zutreffend bemerkte: »Überhaupt nimmt der Humor mit dem Alter zu.«[109] Die Tatsache, dass bei einem hohen Lebensalter der soziale Kontakt naturgemäß abnimmt, insbesondere dann, wenn man alle seine Freundinnen und Freunde überlebt hat, lässt sich wahrscheinlich gut mit einer humorvollen Lebenshaltung kompensieren, die das Unabänderliche des Alterns, der Vereinzelung und des Todes – in allen seinen Konsequenzen – mit gelassener Heiterkeit nimmt. Eine der liebsten Geschichten meines Onkels ist eine Anekdote über die älteste Frau der Welt gewesen, der Französin Jeanne Calment, die er mir mehrfach erzählt hat: Zu Jeanne Calment kam, als sie schon den Titel des ältesten Menschen der Welt hatte, einmal ein jüngerer Reporter, der sich lange und angeregt mit ihr unterhielt. Am Ende des Gespräches meinte der junge Mann zu Calment, er wolle sie im nächsten Jahr wiederbesuchen und hoffe, dass es dazu käme. Worauf ihm Jeanne Calment trocken geantwortet habe, dass sie da guten Mutes sei, denn er sähe ja doch noch ganz gesund aus.

e) Hören

Das Komische ist in seinen vielen Erscheinungsformen oftmals an mündliche Kommunikation gebunden: Witze beispielsweise erzählt man sich, man muss sie hören. Im Rahmen einer hauptsächlich philosophisch ausgerichteten Erörterung von Einsamkeit kommt dem Hören indessen auch in anderer Hinsicht eine besondere Bedeutung zu. Unser auditiver Zugang zu unserem Ich und zur Welt verändert sich in der Einsamkeit grundlegend: Wir achten nicht mehr auf die Stimmen und Geräusche, die uns umgeben, ja, wir grenzen diese aus, indem wir uns in die Abgeschiedenheit begeben, in der wir auf ganz andere Dinge horchen. Die Einsamkeit ist der einzige Zustand des Menschen, in dem er wirklich ungestört seine Gedanken hören kann, gleichsam in sich selbst hineinhorchen kann.

Auch dieser Zusammenhang von Hören und Einsamkeit kommt ursprünglich aus der theologischen Tradition, denn in der Abgeschiedenheit kann die oder der Gläubige sich Gott ganz zuwenden und seine Stimme besser wahrnehmen. Und auch die Stimme der Vernunft wird erst in der Einsamkeit deutlich hörbar, wie der Kirchenvater Augustinus in seinen Selbstgesprächen gleich zu Beginn erkennt: »War ich es oder ein anderer, der von außen oder aus meinem Innern sprach, ich weiß es nicht. Und das ist es gerade, was ich allen Ernstes ergründen möchte. Sie [die Vernunft] sprach zu mir.«[110] Diesem Denken entspricht auch die architektonische und geographische Abgrenzung des Klosters vom städtischen Leben; die räumliche Absonderung ist eine zentrale Voraussetzung für die mentale Absonderung.

Eine zentrale Rolle im hörenden Erschließen von Ich und Welt spielen dabei Begriff und Seinszustand der Resonanz: Durch das Ohr und seinen Körper wird der Mensch im wörtlichen Sinne zum Widerhall der Welt und seiner inneren Vorgänge. Der französische Philosoph Jean-Luc Nancy sagt: »Das Hören öffnet (sich) der Resonanz und die Resonanz öffnet (sich) dem Selbst: Das heißt gleichzeitig, sie öffnet auf sich (auf den widerklingenden Körper, auf seine Schwingung) und sie öffnet auf das Selbst (auf das Sein, insofern sein Sein sich für sich selbst ins Spiel bringt).[111] In Anlehnung an die von Hartmut Rosa entwickelte soziologische Theorie der Resonanz kann man in diesem Zusammenhang darauf hinweisen, dass der Aufenthalt in der Einsamkeit einen einzigartigen Resonanzboden schafft für die Wahrnehmung des eigenen Denkens und Fühlens, aber auch für die unterschiedlichsten Artefakte des menschlichen Geistes und darüber hinaus auch für die mutmaßlich unbelebten Dinge der Welt. Rosa hat vollkommen Recht, wenn er kritisch feststellt, dass »das rational-kognitive, wissenschaftlich etablierte und legitimierte Universum der Moderne… ein ›stummes Universum‹ [sei], in dem außer der Stimme des Menschen keine weitere Stimme vernehmbar [sei].«[112] Eine Ursache für dieses Verstummen des Universums liegt meiner Auffassung auch darin, dass unser Ich mittlerweile zu wenig Resonanzräume für den Aufbau derartiger Natur- und Weltbeziehungen schafft.

Ein Resonanzraum im physikalischen Sinne ist ein Hohlraum, der von außen kommende Schwingungen verstärkt, wie er bei vielen Musikinstrumenten, etwa bei der Geige im sogenannten Geigenkorpus, zu finden ist. Der Gang in die Einsamkeit wäre – um im Bilde zu bleiben – gleichsam die Pflege und Wiederinstandsetzung des

Geigenkorpus durch den Instrumentenbauer oder auch den Spieler oder die Spielerin, damit dieser seine volle Resonanzfähigkeit entfalten kann. Ohne den Gang in die Einsamkeit kann der Mensch sein Resonanzsystem dauerhaft nicht leistungsfähig erhalten, es verkümmert und wird zuletzt zerstört. Einsamkeit ist der unverzichtbare Horchposten unseres Daseins, der in die Tiefen des inneren und des äußeren Universums hineinhört. Wenn wir diesen Horchposten verlieren, dann verlieren wir nicht nur die Fähigkeit, in jedem der beiden Universen halbwegs sicher zu navigieren, wir verlieren auch jede Möglichkeit, eine Balance zwischen den beiden Systemen von Ich und Welt zu finden.

Dieses von Ulrich Sonnemann und in seiner Nachfolge auch von Martin Mettin[113] erkannte Defizit der hörenden Welt- und Ich-Erschließung hängt zusammen mit einer philosophiegeschichtlich wirksam gewordenen Marginalisierung des Hörens als erkenntnisleitendem Organ zu Gunsten der sehenden Kategorisierung und Vermessung der Welt, wie sie sich spätestens seit der Aufklärung durchgesetzt hat. In diesem Argumentationskontext sei daran erinnert, dass auch die Literatur ursprünglich eine auditive Kunst gewesen ist. Die *Ilias*, eines der ältesten fiktionalen Textzeugnisse der abendländischen Kultur, ist ein über 15.000 Verse umfassendes Epos, das in der Antike vor zehntausenden Zuschauern an mehreren Tagen durch einen Sänger aus dem Gedächtnis vorgetragen wurde. Die Praxis dieser oral poetry hatte in Europa gut 2000 Jahre Bestand; so wurden beispielsweise auch noch die Artusromane eines Hartmann von Aue oder Wolfram von Eschenbach bis ins Spätmittelalter mündlich vorgetragen. Literatur ist bis in die Neuzeit hinein ein Hörmedium gewesen, das erst durch Gutenbergs Erfindung des Buchdrucks sich in ein Druckmedium verwandelt hat. Für fast 2500 Jahre haben sich die Menschen bei der Rezeption von literarischen Texten also hauptsächlich auf ihre Ohren verlassen, erst in den letzten 500 Jahren der menschlichen Kulturgeschichte wurde diese auditive von einer visuellen Rezeptionskultur abgelöst, sehr zum Nachteil der Menschheit, der damit grundlegende Fähigkeiten verloren gegangen sind.

Literatur hat gleichwohl bis heute in ihren herausragendsten Erscheinungsformen diese auditive Dimension nicht verloren. Das sieht auch Jean-Luc Nancy so, der in seinem Essay *Zum Gehör* an einer Stelle hervorhebt: »Schreiben… ist nichts anderes als den Sinn jenseits der Bedeutung oder jenseits seiner selbst klingen lassen. Es heißt einen Sinn vokalisieren, der für das klassische Denken taub und stumm zu bleiben vorgab.«[114] Ein beeindruckendes Beispiel für diese Fähigkeit liefert die in den Jahren 1993 bis 2005 von Walter Kempowski herausgegebene Sammlung von Tagebucheinträgen, Briefen, Notizen und Fotografien, die aus den Jahren 1941 bis 1945 stammen. Die unter dem Titel *Echolot* veröffentlichte Text-Collage bringt eine Vielzahl von Stimmen aus dieser Epoche zu Gehör. Kempowski hat gleichsam wie ein Echolot den Boden eines versunkenen Meeres von Erinnerungen über Jahrzehnte abgetastet und von diesem kaum vermutete Schätze an die Oberfläche befördert. Das »kollektive Tagebuch« Kempowskis gibt den Menschen, die den Überfall Nazideutschlands auf die ehemalige Sowjetunion miterlebt haben – Tätern wie auch Opfern – ihre eigene Stimme zurück, macht diese Stimmen in einem literarischen Kolossalgemälde hörbar. So fügt Kempowski verschiedene Stimmen vom 1. Januar 1943 – die 6. Armee steht in Stalingrad vor der Kapitulation – zu einer bizarren Symphonie von Wahn, scheinbarer Normalität, Ignoranz und Leid: Hitler phantasiert von Ruhmestaten der 6. Armee; eine Frau entbindet ein Kind; eine andere wünscht ihrem Mann, der an der Front ist, eine baldige siegreiche Heimkehr; ein Kompaniechef teilt in stereotypen Naziformeln einem Vater mit, dass sein »Sohn Gerhard am 20.12.42 um 3:30 Uhr für Führer, Volk und Vaterland gefallen [sei]«[115] und eine Exilantin fragt das Emergency Rescue Committee, was sie tun kann, um ihrem aus Deutschland nach Genf geflüchteten Mann, der in einem Internierungslager festsitzt, ein Affidavit[116] zu besorgen; ihr verzweifelter Brief schließt mit den Worten: »Ich habe das Geld nicht zusammenbekommen, weil ich für ihn und meine Eltern in Wien Schulden machen musste. Haben Sie eine Ahnung, was ich machen soll?«[117]

Das poetische Konzept, das Kempowski im *Echolot* anwendet, erinnert stark an die musikalische Kompositionstechnik der Imitation, wie sie etwa in einer Fuge Verwendung findet: Kempowski kontrastiert unterschiedliche Stimmen, parallelisiert sie, steigert sie in Engführungen und fügt Zwischenspiele ein. Dass diese Analogie von literarischer und musikalischer Kompositionstechnik kein Zufall ist, sondern ein zentrales poetisches Strukturmerkmal des *Echolots*, verdeutlicht bereits die Titelgebung des zweiten Bandes, der *Fuga furiosa* heißt.

Eine ähnliche Entwicklung wie in der Literatur zeigt sich auch bei der abendländischen Kunstmusik, die ebenfalls in der griechischen Antike einen ersten Höhepunkt erreichte. Hier wurden die Grundlagen für das abendländische Tonsystem gelegt, das sich über die liturgischen Gesänge des Mittelalters, etwa den Gregorianischen Choral, weiter zur Zweistimmigkeit entwickelte. Um die Jahrtausendwende ersann der Benediktinermönch Guido von Arezzo erstmals ein Notationssystem, das die immer komplexer werdenden musikalischen Strukturen graphisch darstellen und einfacher reproduzierbar machen konnte. Seit der Jahrtausendwende wurden dann immer ausgereiftere Notationssysteme erfunden, die mit der musikalischen Entwicklung zu größerer Komplexität Schritt hielten.

In den letzten 25 Jahren hat die Musik durch die neuen digitalen Reproduktions- und Verbreitungsmittel eine geradezu allumfassende Bedeutung gewonnen: Musik ist überall und zu jeder Zeit; es gibt keine Verrichtung und keinen Daseinsvollzug mehr, bei dem wir nicht potentiell in der Lage sind, Musik zu hören. Überdies hat die Globalisierung der Musikindustrie dazu geführt, dass die Auswahl an musikalischen Formen, Stilen und Genres schier unbegrenzt zu sein scheint. Das wirkt sich auch nachhaltig auf die Rezeption von Musik aus, wie Hans Platzgumer und Didi Neidhart in ihrem vielbeachteten Essay *Musik ist Müll* zutreffend feststellen: »Musik kann heute nicht mehr näher angehört, durchgehört werden; das wäre zu viel verlangt. Dafür gibt es zu viel von ihr. Dafür ist sie nicht konzipiert. Sie hat zwar noch einen Anfang, aber [*ein*, RW] Ende hat sie keines mehr. Sie wird zum Sekundenerlebnis, bevor man sie mit Thumbs Up aus Gedächtnis und Cache löscht.«[118]

Der Mensch ist also – bis heute – zweifellos ein hörendes Wesen geblieben, das sich mithilfe der neuen digitalen Möglichkeiten mit dem globalen Musikmarkt verbunden hat. Zugleich scheint es für ihn aber immer schwieriger geworden zu sein, die auf ihn einstürmenden Höreindrücke zu verarbeiten und zu filtern. Dafür benötigt er klangfreie Räume, Stille; und diese findet er nur in der Einsamkeit. Gerade der Mensch des 21. Jahrhunderts braucht also die Abgeschiedenheit, um sich dem Stakkato und den Kakophonien des allgegenwärtigen globalen Klanggewirrs zu entziehen und seinen Resonanzraum neu einzurichten und zu justieren.

Hannah Arendt hat in ihrem Denktagebuch darauf hingewiesen, dass der lateinische Begriff persona von per-sonare, zu Deutsch hindurchtönen oder hindurchklingen kommt.[119] In seiner ursprünglichen Bedeutung meint dies, dass der antike Schauspieler hinter seiner Maske (=persona) den Charakter durch seine Stimme zum Ausdruck bringt. Das Hindurchklingen der eigenen Stimme, mithin die Konstituierung der eigenen Person, hängt indessen wesentlich auch mit der

Erschaffung eines Klang- oder Resonanzraumes zusammen, in dem wir selbst unsere Stimme hören, aber auch die anderen um uns herum. Einsamkeit gewinnt dadurch gleichsam eine anthropologische Notwendigkeit.

f) Sehen

Der schon mehrfach erwähnte Jean-Luc Nancy beschreibt in seinem tiefsinnigen Essay *Zum Gehör* gleich zu Beginn auch das eigentümliche Verhältnis des Hörens zum Sehen. Während das Ohr etwas zur Resonanz bringt, versuchen wir, über das Auge zu einer Evidenz zu gelangen.[120] Zum Nachteil des Hörens verbinden sich Sehen und Denken spätestens seit der Aufklärung zu den tragenden Pfeilern unseres Selbst- und Weltwissens. Die innere Verknüpfung der beiden Erkenntnisformen dokumentiert sich dabei evident schon in der Etymologie des Wortes Wissen, das von dem lateinischen videre (sehen) abgeleitet wird. Wissen und Erkenntnis werden mit Beginn der Aufklärung vornehmlich durch das Sehen befestigt, während das Hören als Erkenntnisorgan fortschreitend marginalisiert wird. Was hat es nun aber mit dem Verhältnis von Sehen und Einsamkeit auf sich?

Auch bei diesem Begriffspaar lässt sich festhalten, dass beide Formen des Lebensvollzuges eine enge Verbindung eingehen können: Wenn wir im Hinblick auf das Hören von einem fein justierten Resonanzraum sprechen können, den uns der Aufenthalt in der Einsamkeit verschafft, dann können wir im Hinblick auf unser Sehen sagen, dass wir dafür ebenfalls einen fein justierten Resonanzraum brauchen. Ja wir können ergänzen, alle unsere Sinne brauchen einen solchen Resonanzraum: Seien es nun Riechen, Tasten, Schmecken, Sehen oder Hören. Die zentrale Funktion des Resonanzraumes für alle unsere Sinne liegt indessen in dem Zusammenspiel mit dem – für mich – entscheidenden sechsten Sinn des Menschen: dem Denken. Alle Sinnesdaten, die wir von einem oder mehreren unserer Sinnesorgane geliefert bekommen, müssen differenziert, qualifiziert, quantifiziert und verifiziert werden – dafür brauchen wir unseren Verstand, müssen wir diese Daten denkend erfassen und verarbeiten.

In einem Aphorismus des in Deutschland wenig bekannten französischen Moralisten Joseph Joubert (1754–1824) heißt es: »Wir sehen alles nur durch uns selbst. Wir sind ein Medium, das sich zwischen uns und die Dinge schiebt.«[121] Die von Joubert hier beschriebene erkenntnistheoretische Position ist nicht neu, aber bis heute von unverminderter Brisanz. Bereits Kant hatte ja in seiner so genannten kopernikanischen Wende in der zweiten Vorrede zur *Kritik der reinen Vernunft* festgestellt: »Es ist hiermit eben so, als mit den ersten Gedanken des Kopernikus bewandt, der, nachdem es mit der Erklärung der Himmelsbewegungen nicht gut fort wollte, wenn er annahm, das ganze Sternenheer drehe sich um den Zuschauer, versuchte, ob es nicht besser gelingen möchte, wenn er den Zuschauer sich drehen, und dagegen die Sterne in Ruhe ließ.«[122] Das heißt mit anderen Worten, dass sich unsere Erkenntnis nach den Kategorien unseres Verstandes richten müsse, die nach Kant ganz wesentlich durch die reinen Anschauungsformen von Zeit und Raum bestimmt werden und die als Bedingungen der Möglichkeit von Erkenntnis aller Erfahrung voraus sind.

Joubert greift diesen Gedanken Kants – in seiner Sentenz – vereinfacht auf, er sagt aber noch mehr. Wenn der französische Moralist davon spricht, dass wir selbst ein Medium seien, »das sich zwischen uns und die Dinge schiebt«, dann meint dies, dass wir nicht nur erkenntnistheoretisch mit unserem Verstandesapparat zwischen uns und der Erkenntnis stehen, sondern auch noch mit unserer ganzen »anderen« Subjektivität, als da sind: Gefühle, genetische Dispositionen, Meinungen, gesellschaftliche Prägungen, situative Einflüsse, Unterbewusstes usw. Alles was wir sehen, wird gleichsam mehrfach durch dieses komplexe Medium unseres Bewusstseins gefiltert, gebrochen, modifiziert, verändert, vielleicht auch: manipuliert.

Es stellt sich die Frage, wie man sich dieser permanenten Einflussnahme durch unser Ich entziehen oder diese zumindest begrenzen kann. Natürlich erkennt der Leser hier schnell, worauf meine Argumentation hinausläuft. Aber Hand aufs Herz: Ist es nicht tatsächlich so, dass wir erst wirklich hörend und sehend werden, wenn wir uns in die Einsamkeit begeben und nicht nur alle Störungen außerhalb von uns, sondern auch innerhalb unseres Selbst abstellen? Und ist es nicht so, dass dieses Sehen oder Hören einhergeht mit einem denkenden Erkennen oder Verstehen, wobei wir hier alle vorhergehenden Einsamkeitsübungen wie das Lesen, Lernen, Schreiben und Lachen miteinbeziehen können oder sogar müssen?

Einsamkeit meint immer auch die absolute Konzentration auf das Eine. Wenn wir den Begriff Einsamkeit in Morpheme – das sind die kleinsten bedeutungstragenden Sprachsilben – aufteilen, dann sehen und hören wir drei Morpheme: Ein-sam-keit. Das Morphem »ein« kennen wir als unbestimmten Artikel, die Signalmorpheme »sam« und »keit« begegnen uns bei Adjektiven und Substantiven als Endmorpheme (Suffix); etwa bei strebsam oder Strebsamkeit. Interessant ist nun in diesem Zusammenhang die ursprüngliche Bedeutung des Morphems »sam«, das es im Alt- und Mittelhochdeutschen sogar noch als Wort gab. Ursprünglich wird »sam« nämlich von dem indogermanischen »sem« abgeleitet, das die Bedeutung »eins, in eins zusammen, einheitlich, samt«[123] hatte. Das Morphem »sam« in Einsamkeit ist also nichts anderes als eine Verdoppelung oder Verstärkung des Eins-Seins! Bezogen auf unsere Argumentation kann man Einsamkeit also immer auch als Einsinnigkeit verstehen – als Konzentration auf einen Sinn. Wir begeben uns manchmal in Einsamkeit, um uns ganz auf den einen Sinn zu konzentrieren, nur noch diesen in uns zuzulassen. Es ist kein Zufall, dass wir dabei oft unsere visuellen Eindrücke unterdrücken, um uns ganz dem anderen Sinn hinzugeben: Wer hat nicht schon einmal die Augen geschlossen, um besser hören, riechen, schmecken, fühlen oder denken zu können?

Der besondere Zusammenhang zwischen dem Sehen und der Einsamkeit lässt sich wahrscheinlich am eindringlichsten in der Produktion und Rezeption von darstellender Kunst, besonders aber in der Malerei nachweisen. So wissen wir, dass sich viele Malerinnen und Maler während des schöpferischen Vorgangs in die Einsamkeit zurückgezogen haben: Picasso etwa verschwand häufig für mehrere Tage in seinem Atelier, wenn er intensiv arbeitete, ähnliches wird von Vincent van Gogh berichtet und Paul Gauguin, sein Freund, zog sich gänzlich aus der westlichen Zivilisation auf eine einsame Insel im Pazifik zurück. Offenbar ist für viele Künstler, insbesondere aber Maler, die Einsamkeit eine produktive Voraussetzung für das erfolgreiche künstlerische Gestalten. Der finnische Regisseur Akis Kaurismäki, der in einigen seiner Filme der Einsamkeit ein Denkmal errichtet hat, sagte einmal: »Das einzige, was alle Künstler verbindet, ist ihre Einsamkeit.«[124]

Es scheint, dass insbesondere das Malen eine Kunst ist, für die das Schauen in der Einsamkeit eine zentrale Bedeutung hat. Der Umgang mit Farben, die Einwirkungen durch Licht und Schatten auf das Material, das Spiel mit Formen und Perspektiven, schließlich die Aussagekraft und Wirkung des Gemalten erschließen sich zuerst und gleichzeitig dem produzierenden wie auch rezipierenden Auge der Künstlerin, des Künstlers. Es erscheint naheliegend, dass für diesen schöpferischen Vorgang absolute Konzentration und Abgeschiedenheit Voraussetzung sind: das Auge will ganz Auge sein, die anderen Sinne stören hier. Und so, wie wir beim Hören manchmal die Augen schließen, so kann man sich vorstellen, dass beim sehenden Malen die anderen Sinne, wie das Hören, das Schmecken, Tasten und Riechen, ja sogar das Denken, verschlossen werden.

Aufschlussreich ist daneben, dass die Einsamkeit eines der häufigsten Sujets der Malerei ist; offenbar drängen die produktiven Rahmenbedingungen nach Vergegenständlichung. Bei einigen großen Künstlerinnen und Künstlern, die allerdings auch selbst in ihren Biographien prägende Einsamkeitserfahrungen gesammelt haben, verdichten sich produktiver und biographischer Impuls zu eindrücklichen Landschaften innerer und äußerer Einsamkeit. Exemplarisch und stellvertretend für viele andere seien hier nur drei Namen in chronologischer Reihenfolge genannt: Caspar David Friedrich, Frida Kahlo und Edward Hopper. Jeder dieser drei Künstler hat eine ganz eigene Einsamkeitssprache in seiner Kunst gefunden. C.D. Friedrich führt uns in vielen seiner Bilder die monumentale Einsamkeit der Natur in ihrer Unberührtheit und abweisenden Größe vor, die den betrachtenden Menschen beeindruckt und in ihren Bann zieht: So etwa in *Der Wanderer über dem Nebelmeer* (1818) oder *Das Eismeer* (1823). Die mexikanische Malerin Frida Kahlo verarbeitet ihre Einsamkeitserfahrungen, die zumeist Ausdruck ihres körperlichen und seelischen Leidens sind, vor allem in Selbstporträts, deren bekanntestes wohl *Die zerbrochene Säule* (1944) ist: Ein Bild, das die nach einem Unfall mehrfach gebrochene Wirbelsäule der Malerin offenlegt, die von einem Stützkorsett gehalten wird. Das einer ionischen Säule nachgebildete Korsett ist ebenso wie der mit Nägeln übersäte Körper vermutlich eine Anspielung auf klassische Motive der Malerei – etwa die Christus-Ikonographie. Edward Hopper schließlich ist bekannt geworden als der Maler der Großstadteinsamkeit. Er zeigt in vielen seiner Bilder die Vereinzelung und Isolation des modernen Menschen im Dschungel der Großstadt. Zwei seiner bekanntesten Bilder, die auch in vielen Schulbüchern begegnen, sind *Nighthawks* (1942) und *Room in New York* (1932). Gerade das letztgenannte Bild zeigt in der Körpersprache der beiden dargestellten Figuren – ein Zeitung lesender junger Mann und seine ihm abgewandte junge Frau, die gedankenverloren eine Taste an einem Klavier anschlägt – ihre Distanz und Fremdheit.

8. Paradiese der Einsamkeit

Hans Rusinek hat 2020 in einem Radio-Essay die Einsamkeitsarbeit der von Edward Hopper in seinen Bildern dargestellten Figuren als »Momente der Selbstkalibrierung«[125] beschrieben. Diese Formulierung bringt mich zu einem guten Kollegen von mir, der ebenfalls das Fach Philosophie unterrichtet. Er ist Pate meines dritten Sohnes und mir seit vielen Jahren ein wichtiger Gesprächspartner und Weggefährte. Als ich ihm von meinem Vorhaben erzählte, einen Essay über die Einsamkeit zu schreiben und ihm mein Projekt näher beschrieb, meinte er – bei aller Zustimmung, die mein Plan bei ihm fände –, dass diese Reflexionen ja nur einen kleinen Adressatenkreis beschäftigen würden. Er bemängelte, dass ich ja in erster Linie für ein gebildetes Publikum schriebe, das sich mit Literatur, Philosophie, Kunst und Musik beschäftige, einen akademischen Abschluss habe und auch die Zeit besäße, sich mit derlei Fragen auseinanderzusetzen – einen LKW-Fahrer oder einen Handwerker beispielsweise würde ich damit kaum erreichen.

Das ist prinzipiell richtig, gleichwohl lässt sich mit Blick auf diesen und andere Adressatenkreise sagen, dass es nicht nur akademische Formen der einsamen Selbstkalibrierung gibt, sondern auch noch eine Fülle anderer. Man muss sich weder schriftstellerisch, asketisch noch auf anderweitige Art künstlerisch betätigen noch über einen ausgeprägten Humor verfügen, wenn man eine Haltung dauerhaft einnehmen und einüben will, in der Geist und Körper sich in der Einsamkeit produktiv beschäftigen. Die menschliche Kultur ist übervoll von solchen Ritualen, die unsere Vorfahren teilweise seit Jahrhunderten kennen und gepflegt haben. In einem kursorischen Durchlauf sollen einige dieser Exerzitien benannt und kurz vorgestellt werden.

Da wären zunächst das Wandern und sein kleiner Bruder, das Spazierengehen, zu nennen. Seit Jahrhunderten wandern Menschen abseits menschlicher Ansiedlungen, begeben sich freiwillig in Abgeschiedenheit, um die Natur alleine zu erleben. Als erste Wanderung wird gemeinhin Petrarcas Besteigung des Mont Ventoux im Jahre 1336 bezeichnet. Der Vorgang markiert ein epochales Ereignis, da der Mensch hier erstmals – befreit von allen materiellen und immateriellen Zwängen – einen Berg besteigt nur um des Besteigens willen. Im Mittelpunkt dieser Bergwanderung steht allein die Natur in der ästhetischen Wahrnehmung des Menschen: »Der Ausblick auf das Irdische löst die Welt langsam aus einem zuvor fraglos göttlich Geschaffenen heraus. Ein Blick, der Distanz schafft für die Befragung. Natur wird in einem über Jahrhunderte andauernden Prozess Gegenstand der Fragen nach Ursache, Beschaffenheit und Wirkung. Diese reflektierende, sich genießende und befragende Haltung erwächst aus einer materiellen Freistellung von der unmittelbaren Reproduktion, also dem Fischen, Ackern, Mähen, Säen. Sie ist die Voraussetzung für ästhetische Wahrnehmung. Solange das Land, die Natur, allein unter Zweck und Zugriff gesehen wird, also bezogen auf praktisches Handeln, gibt es ihn nicht, den schweifenden, genießenden Blick, den Aus-Blick.«[126]

Das Wandern wird hier zu einem Prozess, in dem sich der Mensch in eine Natur-Einsamkeit zurückzieht, um sich selbst als Subjekt (neu) zu erfahren, das ganz eigene sinnliche und mentale Erfahrungen sammeln kann, die es über sich hinausführen können. Die Romantik, in der das Wandern zu einer Chiffre für Selbsterkenntnis wird, hat dieses anthropologisch-ästhetische Programm in Schuberts *Winterreise* und Novalis' *Heinrich von Ofterdingen* paradigmatisch umgesetzt. Auch heute noch ist, abseits von aller Kommerzialisierung des Wanderns, der Gang in die Natur möglich und wird von vielen wahrgenommen.

Die moderne Variante des Wanderns ist das Flanieren in den Großstadtpassagen, in denen der Mensch – zwar in der lärmenden Geschäftigkeit der Großstadt – sich dennoch abzusondern vermag »von den modernen Rechtfertigungszumutungen der totalen Geselligkeitspflicht«.[127] Es dürfte klar sein, dass wir es hier mit einem anderen Menschentypus zu tun haben als in Schuberts Liederzyklus *Winterreise*. Der Typus des modernen Großstadtflaneurs ist durch jene »Steigerung des Nervenlebens«[128] gekennzeichnet, von der schon Georg Simmel gesprochen hat, und die durch den raschen Wechsel von Wahrnehmungen und Eindrücken hervorgerufen wird, denen sich der moderne Mensch im großstädtischen Leben ausgesetzt sieht. Es mutet unwirklich an, aber in den Strömen des urbanen Verkehrs gibt es Oasen der Einsamkeit, in die sich der Flaneur absondert: Das kann ein kleines Antiquariat sein, ein verstecktes kleines Lokal, ein Antiquitätenladen oder auch nur ein Schaufenster mitten im Gedränge, das zum Innehalten und zur Muße einlädt. Für Charles Baudelaire etwa, einen der frühen literarischen Flaneure, »erlaubt[e] die Metropole erst die freie Entfaltung des Individuums in der Anonymität«[129], wie Lea Haller in ihrem Essay *Zeiten der Einsamkeit* bemerkt.

Eine andere Form der produktiven Einsamkeitssuche findet man in der Gartenarbeit. Schon Cicero sagte: »Wenn du in deiner Bibliothek einen Garten hast, wird es uns an nichts fehlen.«[130] Gartenbau und -pflege sind bis heute die beliebtesten Rückzugsformen in die Abgeschiedenheit geblieben. Ich selbst kenne viele Freundinnen und Freunde, die regelmäßig nach ihrem Berufsalltag für mehrere Stunden in ihren Gärten verschwinden, dort Blumen und Bäume beschneiden, Beete anlegen, Rasenpflege betreiben, Teiche trockenlegen und Mauern ziehen. Menschheitsgeschichtlich repräsentiert diese Tätigkeit eine der frühesten Kultivierungsformen der Umwelt überhaupt; sie bringt das Individuum in unmittelbaren Kontakt mit der Natur und fordert sein ästhetisches Vermögen heraus, diese nach seinen Vorstellungen zu gestalten. Ergänzend hierzu schreibt Bacon in seinem Essay *Of Gardens* (Über Gärten), dass Gott der erste Gärtner gewesen und Anlage wie auch Anblick eines Gartens »die reinste aller menschlichen Freuden«[131] sei.

Wer nicht genügend Platz für einen Garten hat, kann auch Leidenschaften der Einsamkeit frönen, die nur wenig Raum beanspruchen. Zu diesen zählt etwa das Schachspiel, das als eine der ältesten Einsamkeits-Übungen unserer Kulturgeschichte angesehen werden kann. Von seiner Konzeption her als ein Spiel für zwei Personen angelegt, eröffnet das Schach auch eine Fülle von Möglichkeiten für den Einzelspieler, der Schachrätsel lösen, historische Partien nachspielen, gegen sich selber oder gegen einen Schachcomputer antreten kann. Stefan Zweig hat mit seiner *Schachnovelle* dem fiktiven Fall eines 1938 von der Gestapo im berüchtigten Wiener Hotel Metropol Inhaftierten ein Denkmal gesetzt, dem es mithilfe eines heimlich entwendeten Schachbuchs gelingt, die Folter der Isolationshaft durch intensives Schachtraining erfolgreich zu überstehen.

Der literarische Fall des Dr. B. in Stefan Zweigs *Schachnovelle* ist im Hinblick auf das Thema Einsamkeit ein besonders ergiebiges Beispiel. Einsamkeit fungiert in diesem Text einmal als Gift und dann als Medizin. Die von den Nazi-Schergen an dem inhaftierten Dr. B. vollzogene Isolationshaft entlässt den Häftling »in das vollkommene Nichts«[132] seiner Existenz. Ohne irgendeinen menschlichen Kontakt, ohne jede Betätigung und Ablenkung, allein mit seinem Wissen und seiner Angst, nur auf das nächste Verhör wartend, würde Dr. B. seinen Folterknechten vermutlich schnell alles sagen, was sie wissen wollen, wenn ihm nicht durch Zufall oder Vorsehung ein wirksames Gegenmittel in die Hände gefallen wäre: ein Schachbuch. Durch dieses Hilfsmittel wandelt er das Toxin der Einsamkeit in eine Medizin um. Dr. B. stählt in der Einsamkeit der Isolationshaft seinen Geist und Willen durch das Nachspielen historischer Schachpartien und gewinnt darin eine solche Meisterschaft, dass er schließlich alle Partien zuletzt auswendig in seiner inneren Projektion der Figuren und Züge ausführen kann. Das geistige Training befähigt ihn schließlich, alle Verhöre unbeschadet zu überstehen und über seine Folterknechte zu triumphieren.

Durch das Beispiel wird einmal mehr deutlich, dass die aktive Gestaltung von Einsamkeit den Menschen stärken und über sich hinausführen kann. Wenn man sich der Einsamkeit aber passiv ergibt, kann sie uns in den Mahlstrom des Nichts hinabreißen. Es ist eine Frage der Einstellung und der Übung, wie wir mit Einsamkeit umgehen, wobei die Frage der Einstellung ganz wesentlich mit der Übungserfahrung zusammenhängt. Wenn wir uns früh mit Einsamkeit zu beschäftigen lernen und eine entsprechende Einsamkeitsfähigkeit einüben, dann können wir die Einsamkeit produktiv in unser Dasein einbinden. Dazu gehört die Erkenntnis, dass Einsamkeit ein zentraler Bestandteil unseres Daseins ist: wir müssen uns ihr stellen, daran führt kein Weg vorbei. Eine frühe Annäherung an und Aneignung von Einsamkeit kann überdies helfen, diese nicht als Bedrohung, sondern als Herausforderung und Chance, im günstigsten Fall sogar als Freund zu begreifen.

Andere Übungs- und Daseinsformen der Einsamkeit sind etwa das Malen, das Musizieren, das Laufen, das Bergsteigen oder das Meditieren, aber natürlich auch die Religiosität, der Glaube. Selbst eher abseitig anmutende Erscheinungsformen wie das Spielen mit einer Modelleisenbahn oder das Anschauen und Sammeln von alten Münzen scheinen mir dazuzugehören. Der menschliche Geist ist schier unerschöpflich dabei, kuriose Beschäftigungen in der Einsamkeit zu ersinnen und auszuüben: So ist etwa einer meiner Freunde ein passionierter Legobauer, ein anderer repariert Oldtimer in seiner Freizeit.

Die genannten Beispiele sind vermutlich nur ein kleiner Ausschnitt aus einer riesigen Sammlung von einsamen Beschäftigungen, die Menschen über die Jahrhunderte ausgeübt haben, um die Einsamkeit in ihrem Dasein zu kultivieren. Offenbar ist die Einbindung des einsamen Tuns oder Lebens in früheren Kulturen und Epochen so produktiv gewesen, dass es den Begriff der Einsamkeit, wie wir ihn heute kennen und zumeist fürchten, damals überhaupt nicht gegeben hat. Dieser Auffassung ist auch Lea Haller, welche zur Genese der Einsamkeit übereinstimmend anmerkt: »Die Einsamkeit, wie wir sie verstehen, wurde in der frühen Neuzeit erst erfunden.«[133] Dass unser Verständnis von Einsamkeit dann ab dem frühen 16. Jahrhundert bis in unsere Gegenwart eine derartig tiefgreifende Veränderung erfahren hat, zeigt, wie sehr sich nicht nur unser Bewusstsein, sondern offenbar auch unser Lebensvollzug gewandelt hat.

Abzugrenzen sind die hier genannten Einsamkeitstätigkeiten von den Zerstreuungen, von denen Pascal sagt: »Das einzige, was uns über unser Elend hinwegtröstet, sind die Zerstreuungen. Und doch sind sie unser größtes Elend. Denn gerade sie sind das Haupthindernis, wenn wir über uns selbst nachdenken wollen, und sie stürzen uns unmerklich ins Verderben. Ohne Zerstreuungen litten wir an Langeweile, und diese Langeweile würde uns drängen, ein zuverlässigeres Mittel zu suchen, um uns davon zu befreien; die Zerstreuungen unterhalten uns und lassen uns unmerklich dem Tode anheimfallen.«[134] Wenn unsere Einsamkeitsübungen zu Zerstreuungen werden, helfen sie uns nicht, die existenzielle Leere zu überwinden, von der unser Dasein immer wieder ergriffen wird. Einsamkeitsfähigkeit zu üben heißt nicht, die Einsamkeit in uns zuzudecken, sondern diese Einsamkeit zu suchen und anzunehmen, um aus ihr heraus und mit ihr zusammen als Mensch zu wachsen. Damit dies gelingen kann, muss zweierlei gegeben sein: Das, was wir in der Einsamkeit tun, muss uns aus uns herausführen oder von uns abständig machen und zugleich auch wieder zu uns zurückführen. Indem wir in der Abgeschiedenheit bei etwas anderem sind oder von uns selbst Abstand nehmen, sind wir zugleich – und zwar intensiver als sonst – bei uns selber.

Ich will für dieses Paradoxon ein Beispiel geben: Wenn wir ein Musikinstrument spielen, zum Beispiel die Querflöte, dann treten wir im Vollzug unseres Spielens oder Übens aus uns heraus. Wir sind ganz bei den physischen und psychischen Abläufen des Querflöte-Spielens: Wir achten darauf, dass wir die richtigen Griffe am Instrument ausüben, wir lesen die Noten, wir kontrollieren unser Spiel mit dem Gehör und unserem Geist. Auf diese Weise werden Rhythmus, Takt, Lautstärke, Dynamik und noch andere musikalische

Parameter überprüft und gegebenenfalls verbessert. Das ist die eine Seite, gleichsam die praktische; die andere Seite ist die ästhetische Dimension unseres Spiels. Wenn wir spielen, dann machen wir zugleich auch immer eine ästhetische Erfahrung. Das Stück, das wir spielen, repräsentiert etwas Geistiges, was uns über die Sinne mitgeteilt wird. Eduard Hanslick hat Musik deshalb einmal als »tönend bewegte Form«[135] beschrieben. Und diese »tönend bewegte Form« führt uns über unsere ästhetische Wahrnehmung wieder zu uns zurück. Ästhetische Wahrnehmung ist nämlich nichts anderes als ein freies Spiel unserer Geistes- und Gemütskräfte, das sich im Moment der Rezeption dieses Musikstückes in unserem Inneren ereignet: Wir sind also gleichsam im selben Augenblick außer und in uns. Dasselbe geschieht mit uns, wenn wir lesen. Die Dekodierung schriftlicher Zeichen und das Zusammensetzen von Bedeutungen ist hier der praktische Teil, der Reiz unserer Vorstellungs- und Gemütskräfte bewirkt die ästhetische Wahrnehmung.

9. Schuld und Einsamkeit

Keine paradiesische, aber eine andere unverzichtbare Bewältigungsstrategie, die an Einsamkeit geknüpft ist, manifestiert sich in unserem Umgang mit Schuld. Mit unserer Existenz geht immer Schuld einher; Leben heißt, Schuld auf sich nehmen. Indem wir in unserem Dasein handeln, Entscheidungen treffen oder auch nicht treffen, werden wir an den anderen schuldig, die unser Handeln immer mitbetrifft. In Dostojewskis Roman *Die Brüder Karamasow* sagt der Mönch Zosima daher völlig zu Recht: »Alle sind an allem schuld.«[136] Da Schuld aber eine Last für den Menschen ist, belastet sie unser Gewissen, lähmt unser Denken und Handeln, stößt uns in die Einsamkeit. Schuld ist ursprünglich mit Einsamkeit verbunden, wie auch Jürgen Werner erkannt hat. Für ihn bedeutet Schuldigsein: »Auf sich ganz und gar zurückgewiesen sein, den anderen ganz und gar ausgeliefert – das ist der Inbegriff von Einsamkeit.«[137] Wir sind mit unserer Schuld immer schon allein, auch sie kann uns keiner abnehmen. Der einzige, der dazu in der Lage wäre, ist aus theologischer Sicht: Gott.

Die Menschheitsgeschichte ist, seit Anbeginn ihrer Überlieferung, zugleich eine Erzählung von Schuld und Einsamkeit. Einer der ersten Mythen, die sich mit dem Thema beschäftigen, ist die Geschichte von Ödipus – wir alle kennen sie. Ödipus, Sohn des Königs Laios von Theben, wird von diesem, nachdem ihm geweissagt wurde, er werde von seinem Sohn getötet, in der Wildnis ausgesetzt. Ödipus überlebt den Anschlag und wird von dem König Polybos von Sikyon adoptiert. Als das Orakel auch ihm prophezeit, dass er seinen Vater töten und seine Mutter heiraten wird, flüchtet er aus Sikyon, begegnet aber unterwegs seinem Vater und tötet diesen nichtsahnend im Zorn. In Theben angelangt, befreit er die Stadt von dem Ungeheuer Sphinx und bekommt dafür als Lohn Iokaste, seine Mutter, als Frau zugesprochen. Als ihm schließlich die Wahrheit von einem Priester enthüllt wird, blendet sich Ödipus und zieht sich in die Einsamkeit zurück. Bereits hier also sind Schuld und Einsamkeit Geschwister.

Ein anderes Beispiel für dieses unvermeidbare Daseinsproblem finden wir bei Ferdinand von Schirach in seiner Erzählung *Einsam*.[138]

Die Story handelt von der vierzehnjährigen Larissa, einem Mädchen, das in prekären sozialen Verhältnissen aufwächst: Beide Eltern sind arbeitslos und trinken. Als die Eltern nicht anwesend sind, kommt ein Freund zu Besuch, schleppt das Mädchen unter Gewaltandrohung mit sich fort und missbraucht es. Eine Nachbarin, welche die Entführung des schreienden, verzweifelten Kindes im Flur des Hauses mitbekommt, verweigert jede Hilfe. Später, vor Gericht, sagt sie aus, dass die ganze Sache sie ja nichts angegangen sei. Nach der Vergewaltigung wird Larissa schwanger. Da sie sich ihren Zustand nicht erklären kann, wird sie von der Geburt überrascht und versucht das Neugeborene zu beseitigen, um ihren Zustand weiter zu verheimlichen. Dabei fällt sie in Ohnmacht, kommt in ein Krankenhaus, wo Ärzte die Nachgeburt holen und die Polizei benachrichtigen. Später wird Larissa in einem Verfahren freigesprochen, da sie – so der Richter – »in einen Zustand geraten [sei], in dem sie Recht und Unrecht nicht mehr unterscheiden konnte. Der Tod des Neugeborenen sei nicht ihre Schuld.«[139] Ihr Vergewaltiger wird in einer anderen Verhandlung zu einer Haftstrafe von sechseinhalb Jahren verurteilt.

Später, lange nach dem Ende des Prozesses, ruft Larissa ihren Anwalt an, den Erzähler, und berichtet ihm, dass sie an dem Haus, in dem sich dies alles ereignet hatte, nach fünfzehn Jahren wieder vorbeigekommen sei und nicht gewusst habe, wen sie in dieser Situation anrufen könne. Anschließend schildert sie dem Anwalt, dass sie jetzt verheiratet sei, zwei Kinder habe, die sehr hübsch seien, wobei sie nicht sagt, dass es ihr gut gehe. Auf die Frage, ob sich der Anwalt an die damaligen Geschehnisse erinnere, antwortet dieser: »Ja, ich erinnere mich noch an alles. An jedes Detail.«[140] Mit dieser Einleitung entfaltet sich die Geschichte, die der Erzähler nun wiedergibt. Am Ende bekennt Larissa: »Ich träume oft von dem Baby. Das alleine im Keller lag. Es ist ein Junge gewesen. Ich vermisse ihn.«[141]

Auch diese Geschichte zeigt, dass wir unsere Schuld nicht einfach abtreten können. Larissa mag zwar vor dem Gesetz dieser Gesellschaft nicht schuldig sein, das entlastet sie aber nicht von ihrer ganz persönlichen, man kann auch sagen existenziellen Schuld. Dass sie dieses Kind getötet hat, wird sie ihr ganzes Leben mit sich herumtragen müssen – so wie sie dieses Kind in sich getragen hat. Mit einer bemerkenswerten sprachlichen Symbolkraft verdichtet sich die Einsamkeit dieses alleine gelassenen Kindes mit der Einsamkeit der unschuldig schuldig gewordenen Täterin in den letzten Sätzen der Erzählung. Diese Frau ist einsam, sagt uns diese Geschichte, obwohl sie wahrscheinlich eine gute Ehe führt und zwei zauberhafte Kinder hat, sie ist und wird einsam mit ihrer Schuld bleiben.

Wir wollen abschließend noch auf eine andere literarische Konfiguration von Schuld und Einsamkeit schauen, die für unsere gegenwärtigen Lebenskonzepte aufschlussreich ist. Es geht um eine Erzählung von E.A. Poe, einem der großen Anreger der Moderne, aus dem Jahre 1840, die im Original den Titel *Man of the Crowd* (Der Massenmensch) trägt. Der Erzähler in dieser Story, der sich als Großstadtflaneur zu erkennen gibt, beobachtet an einem Tag das geschäftige Treiben in der Londoner City von seinem Platz in einem Café. Nachdem er eine ganze Weile mit scharfer Beobachtungsgabe die verschiedenen an sich vorübereilenden Menschen betrachtet und typologisiert hat, fällt ihm die Gestalt »eines abgelebten alten Mannes von wohl 65 oder siebzig Jahren«[142] auf, die ihn elektrisiert. Die Physiognomie dieses Menschen wirkt so faszinierend auf den Erzähler, dass dieser umgehend beschließt, dem Mann unauffällig zu folgen, um mehr über sein Schicksal zu erfahren. An dieses Ereignis schließt sich nun eine wahre Odyssee durch die Straßen Londons an, die einen ganz Tag dauert. Der Erzähler folgt dem Unbekannten auf verschlungenen und ziellosen Wegen durch die Metropole, ohne an ein Ziel zu gelangen. Auffällig ist dabei, dass der Unbekannte immer wieder das Gedränge von Menschenansammlungen sucht und sich in diese geradezu hineinwirft, wobei »die tiefe Seelenpein auf seinen Zügen«[143] bei diesen Gelegenheiten abzunehmen scheint. Schließlich gibt der Erzähler, nachdem er dem Unbekannten über 24 Stunden gefolgt ist, seine Nachstellungen ergebnislos auf, stellt sich dem unbekannten Wanderer in den Weg und hofft auf ein klärendes Wort von ihm. Vergeblich – dieser beachtet ihn überhaupt nicht und setzt seine ruhelose Wanderung fort. Zuletzt äußert der Erzähler: »›Dieser alte Mann [ist] das Urbild und der Genius tiefer Schuld. Er bringt's nicht über sich, allein zu sein. *Er ist der Massenmensch.* Es wäre fruchtlos, ihm hinfort zu folgen; denn weder über ihn noch über seine Taten werd' ich mehr erfahren.‹«[144]

Das Beispiel ist deswegen interessant, weil es ein völlig anderes Handlungskonzept im Umgang mit Schuld zeigt: Der ruhelos umherschweifende Alte, der offenbar irgendeine schwere Schuld auf sich geladen hat, flieht vor der einsamen Auseinandersetzung mit dieser in das tumultuöse Treiben der urbanen Massen. Er kann die innere Qual dieser Auseinandersetzung in der Einsamkeit seines Gewissens offenbar nicht mehr ertragen und wird deshalb zu einem ruhelosen und ziellosen Wanderer durch die geschäftigen, nervösen Welten der Großstadt, die seiner gepeinigten Seele eine kurzfristige Ablenkung verschaffen. Ein Stück weit erinnert dies an den gegenwärtigen Typus des medial übersättigten Menschen, der von einer digitalen Ablenkung in die nächste flüchtet, um nicht auf sich selbst zurückgeworfen zu werden. Eine solche Selbsterfahrung birgt nämlich die unkalkulierbare Gefahr, sich dem Prekären, der Leere oder gar Sinnlosigkeit der eigenen Existenz bewusst zu werden – eine verheerende Aussicht.

In diesem Zusammenhang sei erneut an einen Gedanken von Hannah Arendt erinnert, die darauf hingewiesen hat, dass die Einsamkeit für die Genese unseres Gewissens fundamental sei. Die deutsch-amerikanische Philosophin, die das Denken als ein Gespräch mit sich selbst in der Einsamkeit begreift, stellt fest: »Ohne Einsamkeit kann es kein Gewissen geben, weil das Mit-mir-selbst-Übereinstimmen sich ja nur in der Zwiefalt und Zwie-tracht der Einsamkeit realisieren kann.«[145]

Abseits dieser eher düsteren Konzepte von Schuldbewältigung und Schuldverdrängung bleibt indessen festzuhalten, dass Einsamkeit auch in diesem Zusammenhang für den Menschen eine unverzichtbare Daseinsoption darstellt. Es gibt Dinge, die wir nur mit uns selber ausmachen können und für die wir Einsamkeit brauchen. Da jede und jeder von uns Schuld auf sich lädt, sind wir, wenn Schuld zugleich Einsamkeit bedeutet, zwangsläufig mit dieser konfrontiert. Und je älter wir werden, desto mehr Schuld laden wir auf uns. Und was entlastet uns mehr von dieser Schuld als unser ganz intimes Selbsteingeständnis – in der Einsamkeit unseres Gewissens –, dass wir schuldig sind und diese Schuld demütig annehmen. Das ist aber nur möglich, wenn wir diese Möglichkeit des bekennenden Zwiegesprächs in uns pflegen und uns ihr immer wieder stellen. Nur dann können wir versuchen, diese Schuld in unserem Denken und Handeln abzutragen, an ihr zu arbeiten. Einsam sein, kann auch heißen, sich seiner Schuld zu stellen oder – in einer weithin bekannten Redewendung – zu versuchen, mit sich ins Reine zu kommen.

10. Ikonen der Einsamkeit in der Populärkultur

Mit sich ins Reine kommen wollen auch die einsamen, postheroischen Charaktere, um die es in diesem Kapitel geht. Einsamkeit ist nämlich eines der wirkungsmächtigsten Narrative der Populärkultur, das es überhaupt gibt. Wenn wir das amerikanische oder auch europäische Kino betrachten, dann erkennen wir schnell, dass viele erfolgreiche Filme mit dem Erzählmuster des einsamen Einzelgängers, der einsamen Heldin arbeiten. Zu erinnern wäre etwa an den zynischen Rick in *Casablanca* (1942) von Michael Curtiz oder an den Auftragskiller Jeff Costello, gespielt von Alain Delon in Jean-Pierre Melvilles *Eiskalter Engel* (1967), um nur zwei Filme mit männlichen Helden aus diesem narrativen Komplex zu nennen.

Getreu dem Handlungsprinzip, dass die Popkultur den Einsamen umarme[146], hat jede Kino-Generation ihren einsamen Heroen oder ihre einsame Heroine: Für die Generation silent (1928–1945) ist dies der dauertrinkende und -qualmende Humphrey Bogart in *Casablanca* und *African Queen* sowie der standfeste Marshall Bill Kane in dem Western *High Noon* (1952), für die Baby Boomer (1946–1964) der schweigsame Charles Bronson in dem Italo-Western *Spiel mir das Lied vom Tod* oder *Alien* (1979) mit Sigourney Weaver. Für die Generation X (1965–1980), die so genannten Slacker, wären *Der Club der toten Dichter* (1990), *Batman returns* (1992) und Dana Scully in *Akte X* (1993–2002) zu nennen, für die Generation Y (1981–1996) das *Kill Bill*-Duett (2003–2004) und die *Matrix*-Trilogie (1999–2003), für die Millennials (1997–2009) vermutlich die *John Wick*-Tetralogie (2017–2023) und die Horrorfilme der *Resident Evil*-Reihe (2002–2016).

Was alle diese Figuren vereint – egal ob Männer oder Frauen – sind zwei Narrative der Einsamkeit: Der einsame Rächer oder die einsame Rächerin und der einsame Überlebenskampf, wobei sich beide Narrative auch problemlos zusammenführen lassen, denn die Wiederherstellung der Gerechtigkeit mündet nicht selten in einen existenziellen Überlebenskampf aller Beteiligten. Was diese beiden Narrative fundiert, ist der amerikanische Gründungsmythos des einsamen Rächers, der völlig auf sich allein gestellt, in einer rauen, zivilisationsfeindlichen Umgebung für Recht und Ordnung sorgen muss. Es ist dabei bezeichnend für diesen Typus, dass er im Spannungsfeld zwischen Recht und Unrecht, zwischen Gut und Böse sich gelegentlich auch durchaus beiden Polen annähert, wie etwas das Beispiel des berühmten Revolverhelden Wyatt Earp deutlich macht, gegen den mehrere Strafverfahren wegen Unterschlagung und Pferdediebstahls in Missouri anhängig waren. Um sich der Strafverfolgung zu entziehen, verließ Earp diesen Bundesstaat und heuerte später als kugelfester Gesetzeshüter in Texas und Arizona an, wo ihn sein furchtloses Eintreten für das Gesetz und seine Verwicklung in zahlreiche Schießereien berühmt machen sollten.

Natürlich gibt es auch andere große Einsame als die zuletzt Genannten; erinnert sei etwa an James Stewart in der Komödie *Mein Freund Harvey* (1950), in dem dieser einen sympathischen Autisten spielt, der ständig mit einem zwei Meter großen Hasen spricht, den nur er sieht. Daraus ergeben sich viele witzige Dialoge und der Film kann als beeindruckendes Plädoyer für Toleranz und Menschlichkeit gesehen werden. Das Identifikationspotential, das er entfaltet, ist freilich recht begrenzt. Denn wer möchte sich schon mit einem etwas verschrobenen Eigenbrötler identifizieren, der permanent mit einem nicht existierenden zwei Meter großen Hasen spricht. Da bieten heroische Figuren, die sich in einer feindlichen Umgebung behaupten müssen, weitaus mehr Identifikationspotential an. Sei es der Desperado des amerikanischen Westens, der Schiffbrüchige, der Soldat auf verlorenem Posten, der desillusionierte Ermittler, die Kämpferin gegen mutierte Aliens oder die kompromisslose Killerin, die sich an ihren ehemaligen Mitstreitern rächt, die sie verraten haben; alle diese Figuren erinnern uns an eine zentrale Daseinserfahrung, die wir alle schon einmal gemacht haben: allein zu sein, einsam zu sein und der Wunsch, diese Einsamkeit in einer heroischen Tat zu überwinden. Das Schöne an diesem cineastischen Narrativ ist, dass die Verursacher und Urheber dieser Einsamkeit fast durchweg personifiziert werden, sie können für unsere Einsamkeit verantwortlich gemacht und beseitigt werden, und damit – so die einfache Rechnung – können wir unsere Einsamkeit beherrschen oder sogar besiegen. Das ist wohl der tiefere Grund für unsere ausdauernde Sympathie dieses ewigen Heldenmodells, das in jeder Generation offenbar sein eigenes Narrativ und seine eigene Bildersprache findet.

a) Der Mundharmonika-Mann in *Spiel mir das Lied vom Tod*

Der im Jahr 1968 produzierte Italo-Western *C'era una volta il west* (der deutsche Titel lautet *Spiel mir das Lied vom Tod*) mit zahlreichen amerikanischen Hauptdarstellern markiert einen Wendepunkt in der Geschichte des Genres: Sowohl das entfaltete Narrativ, das von einer analytischen Erzählweise beherrscht wird, in der das zugrundeliegende Ereignis erst am Ende des Films enthüllt wird, wie auch die Kameraführung, die Dialoge und die eigens für den Film komponierte Musik heben das Genre auf ein neues Niveau. Neu sind auch die vielen ironischen Selbstzitate auf den Western, mit denen der Film arbeitet und die – bis heute – einen besonderen Reiz auf das Publikum ausüben.

Spiel mir das Lied vom Tod kann als eine Geschichte der Einsamkeit rezipiert werden. Bereits der legendäre Beginn des Films exponiert das Motiv der Einsamkeit in besonders nachhaltiger und eindringlicher Weise: Drei Revolverhelden kommen an einer einsamen Bahnstation an, verscheuchen eine Reisende und sperren den Stationsvorsteher ein. Anschließend machen es sich die drei Fremden bequem: Einer schaukelt in einem Stuhl, fängt mit seinem Revolverlauf eine Fliege ein und lauscht ihrem Summen, der zweite lässt Wassertropfen auf seinen Hut fallen, der dritte knackt an einem Wassertrog mit seinen Fingern. Fast zehn Minuten lang wird die Handlung des Films mit dieser explosionsartigen Stille, die durch die überlauten Geräusche der wartenden Revolvermänner und der Umgebung erzeugt wird, aufgeladen, bis die Dampfpfeife des herannahenden Zuges die Ankunft des Mundharmonikaspielers anzeigt und sich die drei auf das Duell mit dem Unbekannten vorbereiten.

Die Dramaturgie des Westerns wird von einer ganz eigenen Choreographie des Klangs und der Bewegung bestimmt, in der Einsamkeit, Stille, Geräusche und Musik eine herausragende Rolle spielen. Dies zeigt auch die Szene, in der die Familie McBaine von Frank und seinen Schergen ermordet wird. Auch dieses Ereignis wird durch die genannten filmischen Kompositionsmittel gestaltet: McBain bereitet für die Ankunft seiner zukünftigen Frau eine Feier im Freien vor; in der Einsamkeit seiner abgeschiedenen Ranch werden er und seine Kinder bei den Vorbereitungen gezeigt, bis plötzlich das Verstummen der Grillen eine unmittelbare Gefahr anzeigt und ein einzelner Schuss seine Tochter niederstreckt und den tödlichen Überfall auf die Familie einleitet.

Die Figuren werden durch ihre Obsessionen und Leidenschaften isoliert und in die Einsamkeit gestoßen. Den namenlosen Mundharmonikaspieler treibt der Gedanke an Rache an, den skrupellosen Mörder Frank die Aussicht auf Macht und Reichtum, den Eisenbahnmagnaten Morton der inhumane Plan, vor seinem Tod mit der Eisenbahn – gegen jeden Widerstand – den Pazifik zu erreichen, die ehemalige Prostituierte Jill nimmt für ihr persönliches Ziel, eine bürgerliche Existenz aufzubauen, Verrat, Lüge und erneute Prostitution in Kauf, und der Desperado Cheyenne lässt sich haltlos in einem von Gewalt bestimmten Leben umhertreiben. In dieser konsequenten Vereinzelung der Figuren entfaltet der Western eine geradezu existenzialistische Wucht, wie exemplarisch an zwei Figuren gezeigt werden kann.

Betrachten wir zunächst einmal die Figur der Jill, um diesen Grundzug genauer zu untersuchen. Jill kommt mit großen Hoffnungen nach Sweetwater: Sie will ihr altes Leben abstreifen und ein neues beginnen. Bei ihrer Ankunft findet sie die aufgebahrten Leichen ihres frisch angetrauten Ehemannes und seiner Kinder vor. Ihr Entschluss, allein auf der Farm zu bleiben, verstrickt sie in die weiteren Auseinandersetzungen, in deren Verlauf sie mit allen Akteuren des dramatischen Geschehens konfrontiert wird: Sowohl Frank, der ihr zunächst nach dem Leben trachtet und mit dem sie später eine sexuelle Beziehung eingeht, als auch der Fremde sowie Cheyenne werden bei ihr vorstellig. Zu keiner dieser Figuren entsteht eine dauerhafte Freundschaft oder Bindung: Frank gibt sie sich aus Berechnung und Überlebensdrang hin, Cheyenne ist als gesuchter Schwerverbrecher ohnehin nicht bindungsfähig und der unbekannte Mundharmonikaspieler lehnt Jills Werben ab – sie bleibt schließlich alleine. Bezeichnend ist die letzte Kameraeinstellung des Films, in der gezeigt wird, wie Jill ankommenden Arbeitern Wasser bringt, während der Fremde mit der Leiche von Cheyenne wortlos davonreitet.

Eine Ikone der Einsamkeit ist eben dieser namenlose Mundharmonikamann, gespielt von Charles Bronson. Niemand kennt ihn, er kommt aus dem Nichts, geht nach getaner Rache-Arbeit wieder in dieses Nichts zurück und hinterlässt einen Berg von Leichen. Die Figur des Namenlosen wird von Anfang an als einsamer Rächer eingeführt. Bis auf die Schlusssequenz, in der »Mundharmonika«, wie Cheyenne ihn nennt, sich mit Frank duelliert und seine Geschichte enthüllt wird, tappt man im Dunklen über Herkunft und Absicht des Unbekannten. Auch geht der Namenlose keinerlei Beziehung ein, freundet sich mit niemandem an. Dass er keinen Namen hat und als anonymer Mundharmonikaspieler in Erscheinung tritt, passt zu seiner sozialen Abstinenz.

Die Aura des einsamen Rächers wird beim Unbekannten verstärkt durch die äußerste Verknappung seiner Sprache, zum anderen durch die leitmotivisch wiederholte Mundharmonikamelodie. Die Kommunikation des Fremden mit der Außenwelt beschränkt sich auf spärliche Fragen, noch spärlichere Aussagen oder sarkastisch-ironische Bemerkungen; ansonsten lässt er seinen Colt sprechen, spielt auf der Mundharmonika oder gefriert zu einer schweigsamen Statue, die an die antike Sphinx erinnert.

In diesem Kontext lohnt es, näher auf die musikalische Gestaltung einzugehen. Das vom Fremden intonierte Mundharmonika-Motiv setzt sich zusammen aus zwei Tönen des Tonika-Dreiklangs und einem chromatischen Halbton: Die Terz und der Grundton der Tonika sowie der unterhalb der Terz liegende chromatische Halbton. Die Phrase wird eröffnet mit der dissonanten Sekundreibung von Terz und chromatischem Halbton. Im vierten Takt wiederholt sich das dissonante Sekundmotiv, springt dann auf den Grundton und steuert über den chromatischen Halbton erneut die Terz an. Das musikalische Leitmotiv hat zwei Funktionen: Einmal erzeugt es Aufmerksamkeit, zum zweiten bewirkt sein Einsatz eine Spannungssteigerung. Der Zuschauer und Zuhörer fragt sich, wenn das Motiv erklingt, sofort, was als nächstes passiert. Das musikalische Motiv vereint Klagegesang, Signalruf, Frage und zuletzt: existenzielle Angst.

Notenbeispiel 1 (Mundharmonika)

In der Duellszene zwischen Frank und dem Namenlosen wird am Ende die tiefere Bedeutung dieses Lamento-Motivs aufgeklärt. Es ist eine kongeniale Leistung des Komponisten Ennio Morricone, dass er in der Rückblende die Todesangst des (damals!) jugendlichen Unbekannten und seines älteren Bruders, der auf seinen Schultern steht und dem Frank die Mundharmonika zwischen die Zähne klemmt, mit der Spieltechnik des Instruments verbindet: Bei der Mundharmonika werden die Töne durch Ziehen und Stoßen des Luftstroms erzeugt. In der genannten Szene konturiert sich die Melodie durch das verzweifelte Ein- und Ausatmen des jugendlichen Mundharmonikaspielers: Die

Melodie wird also gleichsam im Angesicht des Todes, unter einer Todesdrohung, erfunden. Kongenial ist in diesem Zusammenhang auch die deutsche Übersetzung und Synchronisation des Filmtitels und dieser entscheidenden Szene. Die unbestimmte, banale Äußerung Franks im Original »Keep your loving brother happy« bekommt durch die deutsche Übersetzung eine völlig neue Bedeutung und Wirkung, die den gesamten Film einrahmt und mit symbolischer Bedeutung auflädt. Dass diese einfühlsame Synchronisationsleistung bis heute nicht gewürdigt wurde, wirft ein bezeichnendes Licht auf den Filmbetrieb, der hier einmal mehr die wichtige Arbeit des Produktionspersonals nicht angemessen würdigt. Immerhin verdankt sich der andauernde, legendäre Erfolg des Films in Deutschland hauptsächlich dieser inspirierenden Synchronisationsarbeit.

Die Filmmusik ist auch auratische Vermittlerin der Einsamkeit in dem Leitmotiv des Desperados Cheyenne, der neben dem Killer Frank, dem unbekannten Mundharmonikaspieler und der Prostituierten Jill die vierte Hauptrolle spielt. Cheyenne ist Outlaw und Anführer einer Gruppe von Banditen, welche die Region unsicher machen. Hans von Hentig, einer der ersten Kriminalpsychologen, die sich mit diesem schillernden Sozialtypus beschäftigt haben, beschrieb den Desperado als regressiven Charakter, der sich gegen die Gruppe oder gegen eigene »körperliche Mängel mit seelischer Dysfunktion«[147] auflehnt. Cheyenne repräsentiert überdies einen Typus von Desperados, die sich aufgrund ihres Ehrenkodex häufig mit anderen Outlaws – manchmal aber auch Ordnungshütern – gegen Gesetzesbrecher und Banden verbünden; eines der berühmtesten Beispiele für diese Spielart des Charakters ist in Doc Holliday zu erkennen, der sich zeitweise mit Wyatt Earp zusammentat.

Cheyenne's Leitmotiv wird, ebenso wie das des Unbekannten mit der Mundharmonika, durch eine prägnante musikalische Sprache der Einsamkeit bestimmt. Seine Erkennungsmelodie wird grundiert vom monotonen Marschrhythmus der Begleitung im Viervierteltakt, die dem Hufgeklapper seines Pferdes nachempfunden ist. Die eingesetzten Instrumente sind genretypisch: ein verstimmtes Honky Tonk-Klavier, ein Banjo, das ebenfalls immer wieder schräge Dissonanzen einstreut, und die menschliche Stimme, hier als pfeifende Melodiebegleitung. Das melodische Zentrum kreist um den Ton e, die Quinte des Tonika-Klanges von a-Moll, der immer wieder im langsamen Rhythmus des Viervierteltaktes repetiert und umspielt wird; Ausdruck des charakterlichen Gleichmutes der Figur, aber auch der trostlosen und einsamen Weite der Umgebung und der perspektivlosen Gegenwart und Zukunft der Gestalt. Dies wird nachhaltig deutlich in der Schlusssequenz, in der Cheyenne zuletzt tot vom Pferd fällt. Analog dazu pausiert die Musik einen Takt lang, bevor sie wieder in ihren lakonischen Rhythmus einstimmt und endet. Intro wie Extro sind in diesem Leitmotiv, das keinerlei musikalische Entwicklung aufweist, gleich. Die Musik fließt gleichsam unbezüglich und ohne viel Aufhebens dahin, bis sie verstummt – Spiegelbild des Lebens von Cheyenne.

Notenbeispiel 2 (Cheyennes Motiv)

b) Die Braut in *Kill Bill*

Sergio Leones *C'era una volta il west* ist für Quentin Tarantinos 2003 und 2004 in zwei Teilen veröffentlichtes Rache-Epos *Kill Bill 1 & 2* ein wichtiges Vorbild gewesen; bekanntlich widmete Tarantino seinen Film dem 2003 verstorbenen Hauptdarsteller des legendären Italo-Westerns, dem amerikanischen Schauspieler Charles Bronson. Ebenso wie Leones berühmter Western verwendet auch *Kill Bill* viele Anspielungen und Zitate auf das amerikanische Action-Kino. Bereits der Titel ist Teil dieser ironischen Selbstreferentialität, denn *Kill Bill* hat zwei Bedeutungen: Einmal kann der Ausdruck – bezogen auf die Bedeutung von bill als Rechnung – so viel wie Todesliste (»Abrechnung im Sinne von Rache nehmen!) bedeuten, in der anderen Bedeutung ist damit die Aufforderung verbunden, den Attentäter Bill zu töten, der im Film eine Hauptrolle spielt. Zusätzlich wird diese Bedeutungsambivalenz noch durch den Binnenreim des Ausdrucks »Kill Bill« abgerundet.

Doch das sind nicht die einzigen Gemeinsamkeiten: Beide Filme stützen sich überdies in ihrem Narrativ ausschließlich auf das Rache-Motiv, und beide Filme zeichnen sich durch eine exzeptionelle Filmmusik aus. *Spiel mir das Lied vom Tod* wie auch *Kill Bill* sind monumentale, cineastische Rache-Opern. In Sergio Leones Rache-Epos rächt der Fremde den Tod seines Bruders, in *Kill Bill* rächt die Braut den Anschlag auf ihr eigenes Leben und das ihres gemeinsamen Kindes mit Bill. Dem Mordversuch von Bill war ein Liebesverrat vorausgegangen. Die Braut, auch Kiddo genannt, hatte den Gangsterboss Bill verlassen, um ihr Kind mit einem anderen Partner in einem nicht-kriminellen Umfeld aufzuziehen. Bill, der den Liebesverrat seinerseits rächen will, erscheint zur Generalprobe der Hochzeit mit seinen Rache-Engeln – eine Persiflage auf die berühmte amerikanische Serie *Drei Engel für Charlie* – und löscht bis auf die Braut die gesamte Hochzeitsgesellschaft aus; der durch einen Kopfschuss schwer verletzten Kiddo wird das Baby weggenommen.

»Rache macht einsam« ist ein häufig zitierter Slogan des amerikanischen Action-Kinos, und dieser bewahrheitet sich auch an der Braut. *Kill Bill* ist ein Rache-Epos, das mit Versatzstücken des Easterns, Westerns, Martial-Arts-Kinos, Gangster- und Actionfilms arbeitet. Kiddo konzentriert sich ganz auf ihren Rachefeldzug, deren Vorbereitung und Durchführung detailliert beschrieben werden. Die Braut arbeitet, nachdem sie aus einem mehrjährigen Koma erwacht, ihre Todesliste ab. Sie tritt nie anders in Erscheinung denn als einsame Rächerin, der Film protokolliert ihre Rache-Arbeit. Auch dies ist den beiden Filmen gemeinsam: Sie erzählen die Geschichte eines einsamen Rächers oder einer einsamen Rächerin. Beide Figuren – sowohl der Fremde als auch die Braut – sind vollkommen vereinzelt, alle sozialen Kontakte sind dem Racheplan untergeordnet. Ähnlich wie in Sergio Leones Edelwestern ist das Narrativ ebenfalls analytisch angelegt: In der ersten Folge wird das Rache auslösende Massaker an der Hochzeitsgesellschaft nur in Rückblenden bruchstückhaft exponiert. Damit greift Tarantino die Erzählweise von *Spiel mir das Lied vom Tod* auf; auch hier werden nur Bruchstücke der Vorgeschichte präsentiert, etwa wie sich der junge Frank einem unbekannten Ziel nähert. In *Kill Bill* wird das Massaker erst im 6. Kapitel des zweiten Teils gezeigt.

Tarantino thematisiert das Einsamkeits-Motiv in zwei Szenen besonders prägnant und vieldeutig. Gemeint sind die Krankenhaus-Szene in Folge 1 und die Sarg-Szene in Folge 2; beide Szenen spielen auf das Todesmotiv an. Die größte und endgültige Einsamkeit, die dem Menschen droht und die er erleiden muss, ist sein Tod: Im Sterben und im Tod sind wir völlig allein und uns selbst überlassen. In einer totenähnlichen Einsamkeit wird auch die Braut zu Beginn des ersten Teils gezeigt: Sie liegt bewusstlos in einem Krankenhauszimmer, angeschlossen an lebenserhaltende Systeme dämmert sie Jahr für Jahr in ihrem komatösen Zustand, nachdem sie von Bill niedergeschossen wurde, vor sich hin. Lediglich ein grotesk-kriminelles Zwischenspiel unterbricht den todesähnlichen Schlaf: Der Missbrauch an der vermeintlich wehr- und bewusstlosen Kiddo durch fremde Männer, den ein Krankenhausbediensteter regelmäßig gegen Bezahlung organisiert.

Die Szene hat eine Fülle von erotischen Konnotationen und befördert düstere männliche Phantasien: Die Kamera konturiert den makellosen weiblichen Körper von Uma Thurman im Bett und zeigt ihr unnahbar schönes, bleiches Antlitz in Großaufnahme, darüber das geifernde Gesicht des Vergewaltigers, der sie küssen oder mit seiner Zunge ablecken will. In diese Schreckens- und Ekelszenerie bricht nun ein zweiter Horror ein: Die Maske der Prinzessin verwandelt sich überraschend und plötzlich in ein Medusenhaupt, das Tod und Vernichtung bringt. Die totgeglaubte Schöne ist schon vorher erwacht, beißt ihrem Peiniger die Zunge ab, tötet ihn und den hinzukommenden Pfleger, verlässt das Krankenhaus in einem Rollstuhl, schleppt sich in ein Auto und fährt davon.

Im zweiten Teil von *Kill Bill* wird das Motiv noch weiter verdichtet und gesteigert: Hier wird die Braut von Bills Bruder Budd, der mittlerweile ein heruntergekommener Säufer ist, durch den Schuss mit einer Schrotflinte, die mit Steinsalz geladen ist, außer Gefecht gesetzt und anschließend auf einem einsamen Friedhof lebendig begraben: Ein klassisches Motiv vieler Kriminal- und Horrorfilme. In *Kill Bill* schafft Kiddo es, sich im Sarg von den Fesseln zu befreien, den Sarg mit gezielten Karate-Schlägen zu zertrümmern und sich an die Oberfläche durchzugraben. Diese und andere Szenen der beiden Filme streifen die phantastische Welt der Marvel-Comic-Verfilmungen, die wenige Jahre nach den *Kill Bill*-Filmen in die Kinos kamen, eröffnet durch den ersten *Ironman*-Film.

Zuletzt sei ein kurzer Blick auf die Musik der beiden *Kill Bill*-Folgen gerichtet. Auch diese spielt – wie in Sergio Leones Vorbild – für das Narrativ des Films eine wichtige Rolle: Die von Quentin Tarantino ausgesuchten Soundtracks kommentieren, kontrastieren und kooperieren mit der Handlung. Zwei Beispiele mögen auch hier ausreichen, um zu verdeutlichen, wie das Narrativ der Einsamkeit, das die Heldin wesentlich charakterisiert, entfaltet und verstärkt wird. Die musikalische Grundfigur der einsamen Rache wird gleich zu Beginn der ersten Folge intoniert: Es ist eine alte Nancy Sinatra-Version des Originals von 1966, das Sonny und Cher erschaffen haben: »Bang bang, my baby shot me down.«

Die melancholische Ballade erzählt von einem Kinderspiel, in dem ein Junge und ein Mädchen verkleidet mit Spielzeugwaffen aufeinander schießen. Was man ursprünglich im übertragenen Sinn als Amors Pfeile interpretieren könnte, hat sich spätestens mit dem Zitat in *Kill Bill* zu einer blutigen Angelegenheit gewandelt, die das latent Gewalttätige von Liebe und liebender Inbesitznahme nachhaltig illustriert. Es ist eine besondere ästhetische Leistung Quentin Tarantinos, die untergründige Brutalität und Gewalt dieses Liedes durch den Film demaskiert zu haben. Dabei steht die reduzierte musikalische Substanz des Liedes in diametralem Gegensatz zur explosiven Aussage des Textes. In der Fassung von Nancy Sinatra kreist die mit vielen Repetitionen versehene Melodie um die Tonika des f-Moll-Akkordes – ein ähnliches musikalisches Konzept wie in Ennio Morricones Cheyenne-Thema.

Notenbeispiel 3 (Bang Bang, my baby shot me down)

Das zweite Musikstück, das hier im Zusammenhang mit dem Narrativ der Einsamkeit Erwähnung finden soll, ist der von James Last und Georghe Zamfir eingespielte Instrumentalhit *The lonely shepherd* aus dem Jahr 1977. Im Abspann der ersten Folge des Films, wenn die Braut im Linienflug nach Amerika ihre Todesliste führt, erklingt die Panflötenmelodie, die James Last mit großem Orchester musikalisch in Szene gesetzt hat. Bereits der Titel ruft das Motiv der Einsamkeit auf: Ein einsamer Hirte, abseits der Zivilisation, allein mit seiner Herde, spielt auf seiner Hirtenflöte. Dieser uralte Topos der Weltliteratur illustriert nun musikalisch die Rache der Braut in *Kill Bill*. Dass das Arrangement von James Last dabei der Filmhandlung korrespondiert, ist ein weiterer Kunstgriff Tarentinos. Nicht nur die E-Gitarre und der Trompetenchor harmonieren mit dem mexikanischen Ambiente der Eingangshandlung, sondern auch die Hirtenflöte hat subtilen Referenzcharakter. Sie erinnert an David Carradines Paraderolle in der Serie *Kung Fu* aus den 70er Jahren, in der Carradine als chinesisch-amerikanischer Shaolin-Mönch Flöte spielend durch den Wilden Westen der USA reist und zahlreiche Abenteuer mit den streitlustigen Bewohnern dieser Region zu bestehen hat. Die Flöte charakterisiert also auch hier einen einsamen Wanderer, der auf der

Flucht vor einem rachsüchtigen chinesischen Kaiser, dessen Günstling der Shaolin Caine einst im Kampf getötet hat, ziellos die Steppen des Wilden Westens durchstreift.

11. Die Einsamkeit des Alters – Erinnerung

Eine Besonderheit der Filme Quentin Tarantinos ist, dass er immer wieder Rollen mit Schauspielern besetzt, die ihre besten Tage bereits hinter sich haben: So etwa John Travolta in *Pulp Fiction* (1994) oder auch David Carradine in *Kill Bill* (2003/2004). Als David Carradine durch die Rolle des Gangsters Bill in *Kill Bill* noch einmal geadelt wurde, lagen seine größten Erfolge schon über 25 Jahre zurück; Carradine lebte zum Zeitpunkt der Dreharbeiten an *Kill Bill* eigentlich nur noch von der Erinnerung an bessere Zeiten. Dass der amerikanische Schauspieler ein einsamer Mensch gewesen sein muss, lassen auch die mysteriösen Umstände seines Ablebens vermuten: Man fand ihn 2009 stranguliert im Kleiderschrank einer Nobelherberge in Bangkok; die anschließenden Untersuchungen ließen vermuten, dass Carradine bei einem so genannten »autoerotischen Unfall« sein Leben verloren hatte.[148]

Einsamkeit, Erinnerung und das Alter sind ein Dreigestirn unseres Daseins, das in den letzten Lebensdekaden oder auch -jahren häufig in Erscheinung tritt. Seinen Zusammenschluss verdankt dieses Ensemble den Besonderheiten unseres Lebensvollzuges in der Dimension Zeit. Erinnerungen konstituieren ganz wesentlich unsere Identität und unser Bewusstsein von uns selber und der Welt. Wenn wir jung sind, ist das Reservoir unserer Erinnerungen in der Regel noch recht begrenzt, Gegenwart und Zukunft bestimmen primär unser Dasein, unser Handeln und Wollen. Mit fortschreitendem Alter verschieben sich diese Größen immer mehr; die Möglichkeiten des Zukünftigen verlieren an Gewicht, die Bedeutung des Vergangenen nimmt zu – ein unausweichlicher Prozess menschlicher Existenz. »Erinnerungen sind das einzige Paradies, aus dem wir nicht vertrieben werden können«, lautet ein bekannter Satz des Dichters Jean Paul. Und in der Tat: Im Alter wird unser Dasein immer stärker durch unsere Erinnerungen geprägt, die Erinnerung ist das letzte Paradies unseres Daseins, wenn dieses durch Krankheit, abnehmende Lebenskraft und Einsamkeit überschattet wird.

Natürlich gibt es auch Menschen, die sich bis an ihr Lebensende Ziele setzen, sich auf die Zukunft entwerfen, regen menschlichen Austausch pflegen und geistig und körperlich vital sind. Mittlerweile sind ja ganze Wirtschaftszweige entstanden, die damit werben, unsere Lebenserwartung zu verlängern: Schönheitschirurgie, Medikamente, Kosmetika, Gesundheitsseminare, Gesundheitsurlaube, Meditationstechniken, philosophische Konzepte und Lebenslehren sowie Ratgeber aller Art konturieren das umfassende Angebot, das uns dauerhafte Leistungsfähigkeit, Jugendlichkeit und Schönheit verspricht. Angesichts dieser wirkungsmächtigen Lebenspraxis und populären Lebensphilosophie verwundert es nicht, dass viele Menschen immer älter werden: Das 21. Jahrhundert ist das Zeitalter der Hundertjährigen, wie auch das Beispiel meines Onkels zeigt, der diese Marke nur knapp verfehlt hat.

Abseits dieser vitalistischen Lebenskonzepte, die hier nur kurz gestreift werden sollen, repräsentiert die Erinnerung auch eine der mächtigsten literarischen Inspirationsquellen, die es gibt. Eines der eindrücklichsten und schönsten literarischen Erinnerungsmotive, die ich kenne, stammt aus Uwe Timms autobiographischem Text *Am Beispiel meines Bruders* (2003). Der zwischen Dokumentation, Rekonstruktion, Recherche, Erzählung und zeitkritischem Essay changierende Text beginnt mit dem folgenden Bild: »Erhoben werden – Lachen, Jubel, eine unbändige Freude – diese Empfindung begleitet die Erinnerung an ein Erlebnis, ein Bild, das erste, das sich mir eingeprägt hat, mit ihm beginnt für mich das Wissen von mir selbst, das Gedächtnis: Ich komme aus dem Garten in die Küche, wo die Erwachsenen stehen, meine Mutter, mein Vater, meine Schwester. Sie stehen da und sehen mich an. Sie werden etwas gesagt haben, woran ich mich nicht mehr erinnere, vielleicht: Schau mal, oder sie werden gefragt haben: Siehst du etwas? Und sie werden zu dem weißen Schrank geblickt haben, von dem mir später erzählt wurde, es sei ein Besenschrank gewesen. Dort, das hat sich als Bild mir genau eingeprägt, über dem Schrank, sind Haare zu sehen, blonde Haare. Dahinter hat sich jemand versteckt – und dann kommt er hervor, der Bruder, und hebt mich hoch. An sein Gesicht kann ich mich nicht erinnern, auch nicht an das, was er trug, wahrscheinlich Uniform, aber ganz deutlich ist diese Situation: Wie mich alle ansehen, wie ich das blonde Haar hinter dem Schrank entdecke, und dann dieses Gefühl, ich werde hochgehoben – ich schwebe.«[149]

Uwe Timms autobiographische Erzählung ist der Versuch einer literarischen Erinnerungsarbeit. Es geht um den 16 Jahre älteren Bruder Karl-Heinz Timm, der sich 18-jährig 1942 freiwillig bei der SS-Totenkopfdivision als Soldat mustern ließ. Der ältere Bruder war das Lieblingskind des Vaters, eines deutschnationalen Freikorpssoldaten, der Werte wie Heldenmut, Aufopferungsbereitschaft, Verlässlichkeit, Stetigkeit und Anständigkeit zeitlebens hochhielt.

Auslöser des timmschen Schreibimpulses sind das zitierte Initialerlebnis seiner Kindheit, aber auch ein kleines Tagebuch seines Bruders, das nach seinem Tod im Herbst 1943 an der ukrainischen Front der Familie ausgehändigt und von Uwe Timm aufbewahrt worden ist. Für den Autor, der zu den Aktivisten der 68-Bewegung gehörte, ist die Aufarbeitung der eigenen Familiengeschichte das große Projekt seiner schriftstellerischen Karriere.

Das literarische Beispiel zeigt ein- und nachdrücklich, welche immense Bedeutung die Erinnerung für unser Dasein (im Alter) hat. Für Uwe Timm ist das Schicksal des Bruders eine offene Wunde in seinem (schriftstellerischen) Dasein gewesen. Erst nach dem Tod seiner Mutter und seiner Schwester, war er, der jüngste Spross der Familie, frei, diese Erinnerung aufzuarbeiten. An anderer Stelle heißt es hierzu: »Über den Bruder schreiben, heißt auch über ihn schreiben, den Vater. Die Ähnlichkeit zu ihm, meine, ist zu erkennen über die Ähnlichkeit, meine, zum Bruder. Sich ihnen schreibend anzunähern, ist der Versuch, das bloß Behaltene in Erinnerung aufzulösen, sich neu zu finden.«[150]

Was an diesem Beispiel sichtbar wird, ist die Verklammerung von Einsamkeits- und Erinnerungsarbeit. Wir alle tragen, je älter wir werden, ein ständig wachsendes Reservoir von Erinnerungen mit uns herum. Je nach dem Grad unserer Lebensaktivitäten kommen zu diesem Konvolut von Erinnerungen noch neue hinzu, später werden es immer weniger, bis wir fast nur noch in und von diesen Erinnerungen leben. Das Fatale und Traurige ist, dass viele – je älter sie werden – an diesen Erinnerungen immer weniger produktiv arbeiten können. Das hängt ganz wesentlich mit unseren Zukunfts- und Lebensmöglichkeiten zusammen: Zum einen können wir unsere erinnerten Erlebnisse der Vergangenheit kaum noch in unserer Gegenwart und Zukunft verarbeiten, weil diese lebensbedingt reduziert werden, zum anderen fehlt uns dafür – mit fortschreitendem Alter – auch immer mehr die geistige und körperliche Kraft. So stellt sich das gerade bei älteren und sehr alten Menschen häufig beobachtete Phänomen ein, dass man nur noch in seinen Erinnerungen lebt, diese sich wie eine Folie über alle anderen Wirklichkeitswahrnehmungen legen und bei jeder Gelegenheit reflexhaft die immer gleichen narrativen Erinnerungsmuster aufgerufen und reproduziert werden. Diese Form der kommunikativen Verödung hat für die Betroffenen gravierende Folgen: Sie vereinsamen immer stärker, bei vielen zeigen sich zunehmend demenzielle Symptome.

Aus diesem Labyrinth von Einsamkeit, Erinnerung und Älterwerden vermag das Schreiben, aber auch das Lesen herauszuführen. Für den Schriftsteller, wie das Beispiel von Uwe Timm zeigt, kann dieser innere, zumeist einsame Dialog zwischen dem erinnernden und schreibenden Bewusstsein durch die Veröffentlichung eine völlig neue, weitende Dimension erhalten. Das Erzählen wird so, wie ich an anderer Stelle bereits einmal gesagt habe, zu einer »existenzialen Kategorie«[151], in der wir die Erinnerungen aus dem Dunkel unserer Einsamkeit in das Licht der Gemeinsamkeit stellen können. Erinnerungsarbeit ist Einsamkeitsarbeit, sie wird für uns mit zunehmendem Alter immer beschwerlicher, weil die Zeit und unsere Physis gegen uns arbeiten. So wird sie zur größten Herausforderung des Menschen in seinem Lebensendstadium, denn sie erinnert uns zum einen in immer drängenderer Weise an unsere Endlichkeit und zum anderen weist uns ihre bilanzierende Kraft in nicht weniger bedrängender Weise darauf hin, dass wir noch viele Rechnungen nicht beglichen haben. Aus diesem Dilemma vermögen uns nur die Exerzitien der Einsamkeit herauszuhelfen – allen voran der Humor.

12. Dasein und Einsamkeit – Eine philosophische Gebrauchsanweisung

Einsamkeit konstituiert eine zentrale Dimension unseres Daseins. Dadurch dass der Rahmen unserer Existenz – Geburt und Tod – durch die Einsamkeit vorgegeben ist, nimmt diese von Anfang an eine zentrale Rolle in unserem Dasein ein. Die erste Aufgabe des Menschen als Mensch besteht darin, diese grundlegende Bedeutung von Einsamkeit für sein Leben anzuerkennen. Nur dann ist er in der Lage, Einsamkeit anzunehmen und zu einer positiven Lebensform in seinem Dasein zu machen. So wie wir am Anfang und am Ende unserer Existenz allein sind, so sind wir auch mit unserer Einsamkeit allein. Niemand kann uns unsere Einsamkeit abnehmen, sie ist ganz allein die unsrige, sie ist unsere Lebens-Aufgabe. Wir allein sind für sie verantwortlich, kein anderer.[152]

Das Dilemma unserer Epoche ist ein zweifaches. Das erste Dilemma besteht in der negativen Umwertung des Begriffes. Spätestens im 20. Jahrhundert hat sich fortschreitend ein Verständnis von Einsamkeit entwickelt, das diesen Zustand als eine tiefgreifende Verlusterfahrung, als ein Übel ansieht. Frühere Auffassungen, dass Einsamkeit eine Tugend ist, ein erstrebenswerter Zustand oder zumindest eine Daseinsform, die viele positive Möglichkeiten bietet, sind nach und nach verschüttet worden. Mit diesem Begriffs- und Verständniswandel ist zugleich eine zwei Jahrtausende alte Lebenspraxis immer stärker dem Vergessen anheimgefallen.

Das zweite Dilemma unserer Epoche ist, dass sie der Einsamkeit feindlich gegenübersteht, ja dass sie auf Schritt und Tritt versucht, die Einsamkeit auszuschließen, zu entmachten. Die Macht der Einsamkeit besteht aber gerade darin, dass diese, wenn man sie auszuschließen sucht, umso mächtiger wird. In ironischer Brechung kann man hier unter Verwendung einer medialen Formel formulieren: »Das Imperium schlägt zurück«. Indem die digitalen Medien in unserer postfaktischen Lebenswelt dem Individuum vorgaukeln, dass es nie mehr einsam zu sein braucht, weil wir mittels unserer mobilen Endgeräte jederzeit mit allem und jedem in Verbindung treten können, geschieht das genaue Gegenteil: Wir werden erst recht einsam – wer jeden kennt, er-kennt keinen mehr, was alle wissen, interessiert bald keinen mehr.

Fatal ist für den Menschen des 21. Jahrhunderts insbesondere, dass diese Lebenswelt in ihrer Einsamkeitsfeindlichkeit ihm den produktiven, daseinsfördernden Zugang zur Einsamkeit immer mehr verstellt und ihn damit von seinen existenziellen Grundlagen abschneidet. Die Entfremdung des Menschen von Jahrhunderte alten Übungen zur Einsamkeitsfähigkeit ist mittlerweile unübersehbar: Asketisches Leben, Lernen, Lesen, Schreiben und viele andere »Glückseligkeiten der Einsamkeit«[153], wie sie Johann Georg Zimmermann in seinem Bestseller *Über die Einsamkeit* bereits 1785 nannte, degenerieren zu Schwundformen und werden verlernt. Immer mehr Menschen beherrschen nicht mehr das, was Zimmermann als genuinen Beitrag früherer Einsamkeitsrituale beschrieben hat: »Die Kunst mit uns selbst fertig zu werden.«[154] Das Ergebnis dieser zunehmenden Einsamkeitsunfähigkeit ist: Einsamkeit!

Wenn ich eingangs gesagt habe, dass jeder für seine Einsamkeit selbst verantwortlich ist, dann stimmt das nicht ganz. Es gibt eine Ausnahme – und das sind unsere Kinder. Unsere Aufgabe ist es, sie im Gebrauch der Einsamkeit zu unterweisen, ihnen klarzumachen, dass Einsamkeit zu unserem Leben dazugehört und ihnen Wege aufzuzeigen, wie wir unsere Einsamkeit positiv nutzen können und wie wir sie zu einer Bereicherung für unser Dasein machen können. Das können wir nur erfolgreich leisten, wenn wir mit gutem Beispiel vorangehen. Wenn wir selber den ganzen Tag am Handy, am Computer oder am Fernseher kleben, können wir dieses gute Beispiel kaum geben.

Natürlich ist dies keine Aufforderung, unsere Kinder zu verlassen und vorsätzlich in die Einsamkeit zu schicken. Es wäre aber wichtig, ihnen beizubringen, dass es gewinnbringend ist, sich gelegentlich von Freunden und dem Trubel des (Familien-)Alltags zurückzuziehen, um etwas ganz für sich zu tun: vielleicht um zu lesen, um etwas zu malen oder zu bauen. Es gilt, sich schon früh im Leben an Exerzitien der Einsamkeit zu gewöhnen und diese einzuüben. Je mehr in einer Familie der oder die Einzelne auch Rückzugsräume für sich reklamiert, einrichtet und nutzt, desto mehr wird ein heranwachsendes Kind diese Rückzugsräume nicht nur respektieren, sondern auch danach trachten, sich selbst einen Rückzugsraum einzurichten und ihn auch zu nutzen.

Über dieses Alleinsein, das noch kein Einsamsein ist, kann eine Disposition für Einsamkeit entwickelt werden. Und dass ein Heranwachsender geübt sein muss im Umgang mit Einsamkeit, daran führt kein Weg vorbei. Erstens können wir nicht immer für unsere Kinder da sein und zweitens können wir ihnen auch nicht immer helfen, selbst wenn wir da sind. Es gibt Dinge, die sie mit sich allein ausmachen müssen, und je früher sie damit anfangen, desto besser ist das für sie. Was freilich nicht heißen soll, dass wir ihnen nicht helfen, wenn sie das möchten. Wir müssen aber den Mut haben, unseren Kindern auch Einsamkeit zuzumuten, sonst können sie nicht lernen, mit dieser umzugehen.

Einsamkeit hat indessen noch zwei andere Vorzüge, auf die hinzuweisen wäre. In seinem Essay *Über die Einsamkeit* schreibt Zimmermann: »Freiheit, wahre Freiheit, findet sich nirgends so gut, wie in der Entfernung vom Menschengewühle und allen unwillkürlichen Weltverhältnissen. Vortrefflich hat man gesagt, da komme der Mensch aus der Zerstreuung zu sich selbst, fühle sich selbst, habe ein klares inniges Bewusstsein von dem, was er ist und hat, und lebe mehr in sich und für sich als in äußeren Dingen. Er trete da in einen natürlichen und freien Zustand zurück, spiele keine künstliche Rolle, stelle keine ihm fremde Person vor, denke, rede, handle ganz nach seinem eigentümlichen Charakter, nach seinen jedesmaligen Empfindungen. Da sei er ganz das, und nichts andres als was er wirklich ist.«[155]

Dass Einsamkeit und Freiheit zusammengehören, darauf hat schon Wilhelm von Humboldt hingewiesen, der diese Gemeinsamkeit als Wesenszug der deutschen Universität begriffen hat. Aber auch abseits dieser akademischen Wesensbestimmung wird man festhalten können, dass Einsamkeit frei machen kann. Wenn wir uns von der Gesellschaft und der Welt zurückziehen, dann werden wir frei von ihren Ansprüchen. Wir erkennen dann gewissermaßen nur noch unsere eigenen Regeln an, keine von außen an uns herangetragene: »Der Mensch ist souverän in dieser Einsamkeit«[156], wie Jünger einmal gesagt hat. Bereits der Entschluss, sich in die Einsamkeit zu begeben, ist dann schon ein Akt der freien Selbstbestimmung: Ich mache nicht mehr mit, ich stelle mich abseits, ich entziehe mich der Fremdbestimmung. Der zweite positive Effekt dieses Vorgangs liegt darin, dass wir uns ungestört unserem eigenen Ich zuwenden können. Indem wir von allem anderen absehen, sehen wir nur noch auf uns. Dass wir dabei Dinge an uns entdecken, die im Lärm des Alltags bisher verborgen geblieben sind, hat auch schon Zimmermann erkannt: »Einsamkeit zeigt dem Menschen seine wahren Bedürfnisse.«[157]

Es ist unverzichtbar, dass wir in unserem Dasein immer die Möglichkeit haben für einen solchen Rückzug. Im Laboratorium unserer Einsamkeit können wir ungestört von der Welt und anderen an uns selbst arbeiten. Die Einsamkeit schützt uns vor dem Blick der Anderen, wie Svendsen mit Blick auf Sartre zutreffend gesagt hat;[158] sie schützt uns damit auch vor dem Schamgefühl, das uns überkommt, wenn wir uns von anderen beobachtet und ertappt fühlen. Nur in diesem ganz persönlichen Hochsicherheitstrakt können wir gefahrlos die Fragen erörtern, die unsere Existenz entscheidend berühren: »Gewisse Aspekte unseres Lebens können nur unter der Voraussetzung existieren, dass wir vollkommen uns selbst überlassen sind.«[159]

In diesem Kontext muss hervorgehoben werden, dass in diesem Essay – anders als bei Johann Georg Zimmermann – keineswegs die Einsamkeit als Lebensform privilegiert oder gar propagiert werden soll; auch ist nicht beabsichtigt, die Geselligkeit gegenüber der Einsamkeit abzuwerten. Noch weniger sollen hier Quantifizierungen oder Qualifizierungen über das richtige Maß an Einsamkeit abgegeben werden. Das Verhältnis von Einsamkeit und Geselligkeit ist von jeder und jedem von uns individuell und selbstständig zu bestimmen, und dies nicht einmal, sondern viele Male. Wir alle müssen unser eigenes Maß für diese Mischung finden, das ist unsere Lebensaufgabe. Sicher ist dagegen, dass der Rückzug in die Einsamkeit für unsere sozialen Bindungen von entscheidender Bedeutung sein kann, denn oftmals gibt uns nur die Einsamkeit den Raum, »unser Verhältnis zu anderen zu reflektieren und zu fühlen, wie sehr wir sie wirklich brauchen.«[160] Einsamkeit ist unerlässlich für unser soziales Leben, nicht nur als ontologischer Gegenpol, sondern als ein privilegierter Reflexionsraum[161], in dem wir Gewissheit darüber erlangen können, was wir wirklich für andere empfinden und welches Verständnis wir von uns selbst und den anderen haben. Der Weg in die Einsamkeit sollte also dazu beitragen, dass soziale und emotionale Bindungen neu begründet und gefestigt werden. Auf diese Weise zieht uns Einsamkeit nicht von der Gesellschaft weg, sondern führt uns zu ihr hin. Für diese Auffassung gibt es viele Beispiele: Sowohl Mahatma Gandhi als auch der Dalai Lama und auch der buddhistische Mönch Thich Nhat Hanh sind Menschen gewesen, die einen Großteil ihres Lebens in der Einsamkeit verbracht und dennoch ein besonders empathisches Verhältnis zu ihrer Umwelt gehabt haben.

Schließlich wäre noch auf das enge Verhältnis von Schönheit und Einsamkeit einzugehen, das schon angeschnitten worden ist. Einsamkeit eröffnet nicht nur einen privilegierten Reflexionsraum für unser Verhältnis zu uns selbst und zu anderen, sondern auch für die Erfahrung des Schönen. Die Abgeschiedenheit hält uns einen exklusiven Zugang zum Schönen offen, weil wir uns durch die Einsamkeit dem Schönen in einer besonderen Verfassung zuwenden und öffnen können. Beide Phänomene sind über den Begriff der Freiheit verbunden. Wenn unser Gang in die Einsamkeit durch Freiheit gekennzeichnet ist, dann ist nach einer berühmten Definition Schillers in den Kallias-Briefen auch »Schönheit… nichts anderes als Freiheit in der Erscheinung«.[162] Mithin ist ein freies Bewusstsein geradezu prädestiniert, »die Dinge so zu betrachten, als wären sie frei im Sinne reiner Selbstbezüglichkeit, unabhängig von äußeren Zwängen, frei sich entfaltend.«[163] Im Echoraum eines freien, sich selbst genügenden Bewusstseins, kann sich das Schöne in der Freiheit seiner Erscheinungsformen gänzlich unbeeinträchtigt entfalten.

Zuletzt sei anhand von zwei einflussreichen Essays neueren Datums, mit denen ich mich hier in einem kritischen Aufriss beschäftigen will, ein Ausblick gewagt auf die mögliche weitere Entwicklung der Einsamkeit im 21. Jahrhundert. Das erste stammt aus der Feder von Noreena Hertz, einer englischen Professorin für Ökonomie, die in ihrem großen Essay das 21. Jahrhundert als *Das Zeitalter der Einsamkeit* (2020) beschreibt und das zweite von dem israelischen Historiker Yuval Noah Harari, *21 Lektionen für das 21 Jahrhundert* (2018).

Das Essay von Noreena Hertz wird sicher meinem Philosophie-Kollegen[164], dem Paten meines Sohnes, gut gefallen, denn in ihrer Arbeit wird vor allem die gesellschaftliche, ökonomische und politische Dimension der Einsamkeit thematisiert, während ich mich ja stärker auf die subjektive, die existenziale (im Sinne von Heidegger) konzentriere. Gleichwohl begegne ich den Analysen und Schlussfolgerungen, zu denen Noreena Hertz kommt, mit Sympathie. Für die englische Gesellschaftskritikerin ist der neoliberale Kapitalismus angloamerikanischer Prägung für die Einsamkeit großer Bevölkerungsteile verantwortlich: „Die strukturellen Einsamkeitsauslöser [sind] sowohl in den Handlungsweisen des Staates als auch in denen von Einzelpersonen und Unternehmen sowie im technischen Fortschritt des 21. Jahrhunderts verankert – seien es unsere Handysucht, die Überwachung am Arbeitsplatz, die Gig-Economy oder unsere zunehmend kontaktlosen Erlebnisse."[165]

Aus der Sicht der englischen Ökonomin muss der „selbstsüchtige[n] und eigennützige[n] Form des Kapitalismus, die Gleichgültigkeit zur Norm und aus Egoismus eine Tugend gemacht sowie die bedeutende Rolle von Mitgefühl und Fürsorge herabgesetzt hat“[166], durch staatliche Intervention Einhalt geboten werden. Die Einsamkeit ist für Hertz „Teil eines ganzen Ökosystems“[167], das den Einzelnen in seinem Arbeits- wie auch Privatleben durch Überwachung, Isolation und digitale Manipulation von seinen Mitmenschen trennt und einsam macht. Insbesondere die „digitale Geißel“[168] von Social-Media macht die Wirtschaftswissenschaftlerin für diese Entwicklung verantwortlich und fordert für einschlägige Plattformen sogar ein gesetzliches Jugendverbot.[169]

Diesen Überlegungen und Forderungen kann ich mich nur anschließen. Es ist natürlich verheerend, wenn unser soziales, ökonomisches und politisches Leben in dieser Weise den Menschen isoliert und vereinsamt. Umso mehr scheint es mir daher auch geboten, dass die Menschen und insbesondere unsere Kinder einen produktiven Umgang mit der Einsamkeit früh erlernen und üben, um eine gewisse Resilienz gegen die Verlockungen von Social-Media zu entwickeln und sich auch gegen die ständig wachsenden Eingriffsversuche des neoliberalen Kapitalismus in unser freiheitlich-soziales Miteinander zu wehren. Einsamkeit in positiver, produktiver Weise nutzen zu können, heißt für mich zugleich, immun zu sein gegenüber den Süchten des digitalen Zeitalters und ein kritisches Bewusstsein sowie Wachsamkeit zu schulen im Umgang mit den vermeintlichen Segnungen unseres globalen Kapitalismus.

In Yuval Noah Hararis *21 Lektionen für das 21. Jahrhundert*, dem zweiten Essay, auf den ich hier eingehen will, findet sich in der 19. Lektion unter der Überschrift *Bildung* die folgende Fragestellung: »Die Menschheit steht vor nie dagewesenen Revolutionen, all unsere alten Erzählungen fallen in sich zusammen, und bislang ist noch keine neue entstanden, die sie ersetzen könnte. Wie können wir uns selbst und unsere Kinder auf eine Welt solch beispielloser Veränderungen und radikaler Ungewissheiten vorbereiten? Ein Kind, das heute zur Welt kommt, wird 2050 knapp über 30 Jahre alt sein. Wenn alles gut geht, wird das Kind im Jahr 2100 noch immer leben und könnte sogar ein aktiver Bürger des 22. Jahrhunderts sein. Was sollten wir diesem Kind beibringen, das ihm dabei hilft, in der Welt des Jahres 2050 oder des 22. Jahrhunderts zu überleben und zu gedeihen? Was für Fertigkeiten wird er oder sie brauchen, um einen Job zu finden, um zu verstehen, was ringsum geschieht, und um sich im Labyrinth des Lebens zurechtzufinden?«[170]

Hararis Lösungsansatz zu dieser Frage lautet: Schulen sollten »weniger wert auf technisches Können legen und stattdessen universell anwendbare Lebensfertigkeiten in den Mittelpunkt rücken. Am allerwichtigsten wird die Fähigkeit sein, mit Veränderungen umzugehen, neue Dinge zu lernen und in unvertrauten Situationen das seelische Gleichgewicht zu wahren.«[171] Wie dann die Biographie eines postfaktischen Subjekts ab 2048 aussehen könnte, beschreibt der Historiker dann so: »2048 könnten die Menschen es mit Migrationen in den Cyberspace, mit fließenden Geschlechteridentitäten und mit neuen sinnlichen Erfahrungen, die durch Computerimplantate erzeugt werden, zu tun haben… So werden Sie sich mit 25 auf einer Datingseite vorstellen als ›25 Jahre alte heterosexuelle Frau, die in London lebt und in der Modebranche arbeitet.‹ Mit 35 sagen Sie, sie seien ›eine geschlechtsunspezifische Person, die sich einer Altersanpassung unterzieht, deren neokortikale Aktivität vor allem in der virtuellen Welt von NewCosmos stattfindet und deren Lebensaufgabe es ist, dorthin zu gelangen, wo kein Modedesigner zuvor jemals war‹. Mit 45 werden sowohl Dating als auch Selbstbeschreibung völlig passé sein. Sie warten einfach, bis ein Algorithmus den perfekten Partner für sie findet (oder erschafft)… Und mit 45 haben Sie noch viele Jahrzehnte radikaler Veränderung vor sich.«[172] Nach Hararis Vision stehen wir in den nächsten Jahrzehnten vor einem tiefgreifenden Wandel, der »nicht nur die Wirtschaft verändern [wird], sondern sogar die Bedeutung dessen, was es heißt, Mensch zu sein.«[173]

Wenn ich das alles lese, dann kann ich nur hoffen, dass sich dieser brillante junge Historiker irrt, denn das Menschenbild, das er da entwirft, ist den schlimmsten Dystopien des Hollywood-Kinos ebenbürtig. Das von ihm beschriebene Individuum, das mit 25 noch heterosexuell, mit 35 divers und – aus meinem Blickwinkel – mit 45 dann selbst zur Datenwolke geworden ist, kann man eigentlich kaum noch als Individuum ansprechen, denn dazu müsste es eine Identität haben, die ist ihm zwischen 35 und 45 wohl verloren gegangen. Das Problem der Einsamkeit wird man 2048 sicher auch mit einem Computerimplantat (vermeintlich) gelöst haben: Einsamkeit gibt es dann nicht mehr im Bewusstsein eines Menschen, die entsprechenden Hirnregionen werden neu programmiert, es gibt jetzt nur noch positive Gefühle.

Der Mensch, der hier von Harari beschrieben wird, hat keine Heimat mehr in der Welt, er ist geradezu weltlos geworden, ein wandelnder Speicherchip, in den man alles reinprogrammieren kann. Er erinnert mich an Neo aus dem Science-Fiction-Film *Matrix* (1999), der ja zunächst nicht mehr als eine Bio-Batterie aus einem riesigen, von Maschinen angelegten, Erntefeld ist, bis er gerettet wird und anfängt, ein eigenes Bewusstsein zu entwickeln. Der ungarische Essayist László Födélnyi hat über derlei dystopische Szenarien das folgende Urteil gefällt: »Wenn sich die Ganzheit des Seins, das kosmische Ganze auf eine technisch manipulierbare Welt reduziert: das ist die Hölle.«[174]

Abschließend sei gesagt: Ich glaube nicht, dass man die Einsamkeit mit einem Computerchip beseitigen kann – auch nicht in 30 Jahren. Man kann vielleicht Symptome der Einsamkeit in 30 Jahren bekämpfen, aber nicht die Einsamkeit – sie ist eine metaphysische Größe, der man nicht mit technischen Mitteln beikommen kann; sie ist Teil eines Menschseins, das über uns hinausgeht. Auch bezweifele ich, dass man dem Menschen eine computergenerierte Identität schneidern kann – er wird sie nicht annehmen. Wer wir sind, können wir nur selber, gestützt auf die Erzählungen der Welt, und in unserer Einsamkeit herausfinden, ein Chip kann das für uns nicht erledigen. Ich erinnere an Blumenberg, der gesagt hat: »Alles Weltvertrauen fängt an mit den Namen, zu denen sich Geschichten erzählen lassen.«[175] Es ist keineswegs so, wie Harari mutmaßt, dass »all unsere alten Erzählungen… in sich zusammen[fallen].« Sie werden uns weiter begleiten, ohne sie ist unsere Existenz weder denk- noch realisierbar.

Für den unwahrscheinlichen Fall, dass ich mich irre, habe ich auch noch eine These, allerdings keine besonders erbauliche. Ich fürchte, dass wir in diesem Fall dann die einsamsten Lebewesen im ganzen Universum würden.

Anmerkungen

1 Martin Heidegger: Die Grundbegriffe der Metaphysik. Welt – Endlichkeit – Einsamkeit. Frankfurt am Main 2018, S. 8.

2 Odo Marquard: Plädoyer für die Einsamkeitsfähigkeit, in: O.M.: Skepsis und Zustimmung. Stuttgart 1995, S. 110-122, S. 111.

3 Zitiert nach https://www.heise.de/tp/features/In-den-USA-soll-die-Einsam keit-grassieren-4077598.html [Zugriff am 22.01.2022].

4 Zitiert nach https://www.bundestag.de/resource/blob/844760/deddc b8f1dc3a3ad04d919ac6603843d/WD-9-010-21-pdf-data.pdf [Zugriff am 22.01.2022].

5 Zitiert nach https://www.bbc.co.uk/mediacentre/latestnews/2018/loneliest -age-group-radio-4 [Zugriff 22.01.22].

6 Manfred Spitzer: Einsamkeit – Die unerkannte Krankheit. München 2019, S. 9.

7 Lars Fr. H. Svendsen: Philosophie der Einsamkeit (Aus dem Norwegischen von Daniela Stilzebach). Wiesbaden 2016, S. 25.

8 Ebd., S. 43.

9 Ebd., S. 49f.

10 Ebd., S. 25.

11 Marquard, Plädoyer für die Einsamkeitsfähigkeit, S. 112.

12 Johann Georg Zimmermann: Über die Einsamkeit. Leipzig 1785 (reprint hansebooks), S. 369.

13 Prädikatoren sind Vorhersagevariablen, ein Beispiel: Die Abiturnote ist heutzutage kein aussagekräftiger Prädikator mehr für einen Studienerfolg.

14 Svendsen, Philosophie der Einsamkeit, S. 17.

15 E.M. Cioran: Gedankendämmerung (Aus dem Rumänischen übersetzt und mit einer Nachbemerkung versehen von Ferdinand Leopold). Frankfurt am Main 2017, S. 65.

16 Sören Kierkegaard: Entweder – Oder. Teil I und II. (Aus dem Dänischen von Heinrich Fauteck). Auflage. München 2007, S. 52.

17 Karl Jaspers: Philosophie. Existenzerhellung. Band 2. Heidelberg 1973, S. 61.

18 Emmanuel Levinas: Die Zeit und der Andere (Übersetzt und mit einem Nachwort versehen von Ludwig Wenzler). Hamburg 2003, S. 17.

19 Ernst Bloch: Das Prinzip Hoffnung. In fünf Teilen. Kapitel 43-55. Frankfurt am Main 1985, S. 1125. (Im Folgenden stets: Bloch, DPH, Seitenzahl).

20 G.W. Leibniz: Vernunftprinzipien der Natur und der Gnade. Monadologie. Französisch – Deutsch (Aufgrund der kritischen Ausgabe von André Robinet [1954] und der Übersetzung von Arthur Buchenau mit Einführung und Anmer-

kungen herausgegeben von Herbert Herring). Hamburg 1982 (2. verbesserte Auflage), Paragraph 7, S. 29.

21 Levinas, Die Zeit und der Andere, S. 20.

22 Der Terminus stammt von Marquard, Plädoyer für die Einsamkeitsfähigkeit, S. 114.

23 Hans Magnus Enzensberger: Schreckens Männer. Versuch über den radikalen Verlierer. Frankfurt am Main 2006, S. 16.

24 Gerhard Schulz: Kleist. Eine Biographie. München 2007, S. 515.

25 Ebd., S. 529.

26 Svendsen, Philosophie der Einsamkeit, S. 23f.

27 Daniel Schreiber: Allein. 3. Auflage. München 2021, S. 112.

28 Ebd., S. 122.

29 Benedict Wells: Vom Ende der Einsamkeit. Zürich 2018, S. 133.

30 Schreiber, Allein, S. 122.

31 Marquard, Plädoyer für die Einsamkeitsfähigkeit, S. 116.

32 Meister Eckharts mystische Schriften (Übertragen von Gustav Landauer). Berlin 1903, S. 165.

33 Cioran, Gedankendämmerung, S. 7.

34 Marquard, Plädoyer für die Einsamkeitsfähigkeit, S. 117.

35 Michel de Montaigne: Über die Einsamkeit, in: M. d. M.: Essais (Erste moderne Gesamtübersetzung von Hans Stilett). Frankfurt am Main 1998, S. 126.

36 Blaise Pascal: Gedanken (Aus dem Französischen von Ulrich Kunzmann. Kommentar von Eduard Zwierlein). Berlin 2012, S. 73.

37 Erling Kagge: Stille. Ein Wegweiser (Aus dem Norwegischen von Ulrich Sonnenberg). Berlin 2018 (5. Auflage), S. 44.

38 Peter Sloterdijk: Du musst dein Leben ändern. Über Anthropotechnik. 5. Auflage. Frankfurt am Main 2012, S. 28f.

39 Ebd., S. 29.

40 Aristoteles: Die Nikomachische Ethik. 4. Auflage (Übersetzt und herausgegeben von Olaf Gigon). München 1981, S. 185; NE VI 4: 1140a3.

41 Aristoteles, Die Nikomachische Ethik, S. 91; NE II 6: 1160b30.

42 Ferdinand von Schirach: Nachmittage. München 2022, S. 148.

43 Ebd., S. 150.

44 Ebd., S. 150.

45 Immanuel Kant: Werke in zwölf Bänden, Band XI (Hrsg. von Wilhelm Weischedel). Frankfurt am Main 1964, S. 37.

46 Ebd., S. 37f.

47 Montaigne, Über die Einsamkeit, S. 124.

48 Aristoteles, Die Nikomachische Ethik, S. 88f.; NE II, 4: 1105b19.

49 Wolfgang Janke: Existenzphilosophie. Berlin und New York 1982, S. 165.

50 Bloch, DPH, S. 1126.

51 Sloterdijk, Du musst dein Leben ändern, S. 23.

52 Cioran, Gedankendämmerung, S. 115.

53 Sloterdijk, Du musst dein Leben ändern, S. 363.

54 Übernommen von Rüdiger Safranski: Einzeln sein. Eine philosophische Herausforderung. München 2021, S. 222f. Safranski referiert hier den Ansatz von Hannah Arendt, die Denken als ein »Zwei-in-einem« sieht.

55 Jürgen Werner: Tagesrationen. Ein Alphabet des Lebens. Frankfurt am Main 2014, S. 273.

56 Cioran, Gedankendämmerung, S. 59.

57 Marquard, Plädoyer für die Einsamkeitsfähigkeit, S. 114.

58 Siehe https://stillefinden.org [Zugriff am 8.2.2022].

59 Ebda. [Zugriff am 8.2.2022]

60 Immanuel Kant: Werke in zwölf Bänden, Band VII. Schriften zur Ethik und Religionsphilosophie 1 (Hrsg. von Wilhelm Weischedel). Frankfurt am Main 1964, S. 22f. (Im Folgenden stets zitiert: Kant, Werke Band, Seitenzahl)

61 Jennifer Rieger und Frank Kaspar: Wem gehört der Ruhm in der Wissenschaft? Konflikte in Forschungsteams, Deutschlandfunk am 10.6.2021, zitiert nach https://www.deutschlandfunkkultur.de/konflikte-in-forschungsteams-wem-gehoert-der-ruhm-in-der-100.html [Zugriff am 10.02.2022].

62 René Descartes: Meditationen über die Grundlagen der Philosophie mit den sämtlichen Einwänden und Erwiderungen (Zum ersten Mal vollständig übersetzt und herausgegeben von Artur Buchenau). Hamburg 1972, S. 11.

63 Ebd., S. 11.

64 Ebd., S. 16.

65 Konrad Paul Liessmann: Bildung als Provokation. 3. Auflage. Wien 2017, S. 30.

66 Friedrich Nietzsche: Sämtliche Werke. Kritische Studienausgabe. Band 6 (Hrsg. von Giorgio Colli und Mazzino Montinari). München 1980, S. 276. (Im Folgenden stets: Nietzsche, KSA Band, Seitenzahl).

67 Nietzsche, KSA III, S. 270.

68 Universität Vechta: Das Rätsel der 98 Prozent, https://www.zeit.de/2022/08/universitaet-vechta-germanistik-klausur-online-lehre [Zugriff am 18.02.2022].

69 Konrad Paul Liessmann: Theorie der Unbildung. Die Irrtümer der Wissensgesellschaft. Wien 2006, S. 52.

70 Universität Vechta: Das Rätsel der 98 Prozent.

71 Ebda.

72 Ebda.

73 Ebda.

74 Nietzsche, KSA III, S. 41.

75 N.N.: Was beim Klauen von Zitaten droht, in: Frankfurter Rundschau vom 25.5.2009, zitiert nach https://www.fr.de/wissen/beim-klauen-zitaten-droht-11524110.html [Zugriff am 11.02.2022].

76 Liessmann, Theorie der Unbildung, S. 61.

77 Liessmann, Bildung als Provokation, S. 21.

78 Felicitas von Lovenberg: Gebrauchsanweisung fürs Lesen. 4. Auflage. München 2020, S. 49.

79 Robert Seethaler: Der Trafikant. 29. Auflage. Zürich und Berlin 2018, S. 25.

80 Vgl. zum Begriff »Schauen« Lovenberg, Gebrauchsanweisung zum Lesen, S. 36f.

81 Vgl. https://futter.kleinezeitung.at/unglaublich-wie-oft-wir-taeglich-unser-smartphone-beruehren [Zugriff am 13.02.2022].

82 Spitzer, Einsamkeit, S. 135.

83 https://alf-hannover.de/archiv/21st-century-readers-pisa-sonderstudie [Zugriff am 15.02.2022].

84 Paul Auster: Die Erfindung der Einsamkeit (Aus dem Englischen von Werner Schmitz). 12. Auflage, Hamburg 2020, S. 230.

85 Marguerite Duras: Prolog, in: Dichter und ihre Häuser. 5. Auflage (Fotografien von Erica Lennard, Texte von Francesca Premoli-Droulers, Prolog von Marguerite Duras, übersetzt aus dem Französischen von Eliane Hagedorn und Barbara Reitz). München 1999, S. 14.

86 Francesco Petrarca: Das einsame Leben. Über das Leben in Abgeschiedenheit. Mein Geheimnis. 2. Auflage (Hrsg. und mit einem Vorwort von Franz Josef Wetz. Aus dem Lateinischen übersetzt von Friederike Hausmann). Stuttgart 2005, S. 102.

87 Uwe Timm: Erzählen und kein Ende. Versuche zu einer Ästhetik des Alltags. Köln 1993, S. 21.

88 Marguerite Duras: Schreiben, in: M. D.: Der Tod des jungen englischen Fliegers (Aus dem Französischen von Andrea Spingler). Frankfurt am Main 1995, S. 11-52, S. 14.

89 Vgl. hierzu Maria-Anna Schulze Brüning und Stephan Clauss: Wer nicht schreibt, bleibt dumm. Warum unsere Kinder ohne Handschrift das Denken verlernen. München 2017, S. 175ff.

90 Ebd., S. 178.

91 Ebd., S. 179.

92 Vgl. Bloch, DPH, S. 1127.

93 https://www.sueddeutsche.de/service/27-maerz-2009-kirchenkritik-intra-act-und-pixelmaennchen-1.396020 [Zugriff am 16.02.2022]

94 Walter Grasskamp: Glanz und Elend des Humors, in: Lachen. Über westliche Zivilisation (= Sonderheft Merkur, Heft 9/10, 56. Jahrgang 2002), S. 778-788, S. 779.

95 Marquard, Plädoyer für die Einsamkeitsfähigkeit, S. 121.

96 Odo Marquard: Exile der Heiterkeit, in: Das Komische (Hrsg. von Wolfgang Preisendanz und Rainer Warning). München 1976, S. 133-151, S. 151.

97 Kant, Werke X, S. 439 (§ 54).

98 Wolf Lepenies: Melancholie und Gesellschaft. (Mit einer neuen Einleitung: Das Ende der Utopie und die Wiederkehr der Melancholie). Frankfurt am Main 1998, S. 85ff.

99 Johann Wolfgang von Goethe. Werke. Kommentare und Register. Hamburger Ausgabe in 14 Bänden. Band 3. Dramen I. 17. Auflage (Textkritisch durchgesehen und kommentiert von Erich Trunz). München 2005, S. 20 (Vers 371f.).

100 Karl Löwith: Natur und Humanität des Menschen, in: K.L.: Gesammelte Abhandlungen. Zur Kritik der geschichtlichen Existenz. 2. Auflage. Stuttgart 1969, S. 200.

101 Ebda., S. 200.

102 Peter L. Berger: Erlösendes Lachen. Das Komische in der menschlichen Erfahrung. Berlin und New York 1998, S. 117.

103 Grasskamp, Glanz und Elend des Humors, S. 785.

104 Herbert Schöffler: Kleine Geographie des deutschen Witzes. 10. Auflage. Göttingen 1995, S. 4.

105 Heinrich Lützeler: Über den Humor. Zürich 1966, S. 18.

106 Sigmund Freud: Studienausgabe. Band IV. Psychologische Schriften. Frankfurt am Main 2020, S. 212.

107 Marquard, Plädoyer für die Einsamkeitsfähigkeit, S. 121.

108 Ebda., S. 121.

109 Friedrich Georg Jünger: Über das Komische. Hamburg 1936, S. 61.

110 Augustinus: Selbstgespräche (Lateinisch und deutsch, hrsg. von Peter Remark). München 1951, S. 7.

111 Jean-Luc Nancy: Zum Gehör (Aus dem Französischen von Esther von den Osten). 3. Auflage. Zürich und Berlin 2014, S. 42.

112 Hartmut Rosa: Resonanz. Eine Soziologie der Weltbeziehung. 5. Auflage. Frankfurt am Main 2021, S. 382.

113 Vgl. Martin Mettin: Kritische Theorie des Hörens. Untersuchungen zur Philosophie Ulrich Sonnemanns. Stuttgart 2020, S. 4f.

114 Nancy, Zum Gehör, S. 56.

115 Walter Kempowski: Das Echolot. Ein kollektives Tagebuch. Januar und Februar 1943. Band I, 1. bis 17. Januar 1943. München 1993, S. 19.

116 Ein Affidavit ist eine eidesstattliche (Bürgschafts-)Erklärung. Abgeleitet vom lateinischen affidare heißt affidavit so viel wie: »Er hat zugesichert«. Mit einer solchen Bürgschaftserklärung konnten legitimierte Organisationen oder Verwandte vom Nazi-Regime Verfolgten die Einreise in Überseeländer wie USA, Kanada oder Großbritannien ermöglichen.

117 Kempowski, Echolot. Januar bis Februar 1943. Band I, S. 131.

118 Hans Platzgumer / Didi Neidhart: Musik ist Müll. Essay. Innsbruck 2012, S. 26.

119 Hannah Arendt: Denktagebuch 1950-1973 (Hrsg. von Ursula Ludz und Ingeborg Nordmann). München und Berlin 2020, S. 8.

120 Vgl. Nancy, Zum Gehör, S. 10f.

121 Joseph Joubert: Pensées, essais et maximes et correspondance. Seconde Édition. Paris 1850, S. 144 (Nous voyons tout à travers nous-mêmes. Nous sommes un milieu toujours interposé entre les choses et nous).

122 Kant, Werke III, S. 25.

123 Zitiert nach https://gfds.de/bedeutung-und-herkunft-von-sam-z-b-in-einsam/ [Zugriff am 13.03.2022], Internetseite der Gesellschaft für deutsche Sprache e.V.

124 Janek Wiechers: Von der Einsamkeit in der Kunst, zitiert nach: https://www.ndr.de/kultur/kunst/Von-der-Einsamkeit-in-der-Kunst,einsamkeitinderkunst100.html [Zugriff am 14.03.2022].

125 Hans Rusinek: Lob der Einsamkeit. Wir sind jetzt alle ein Bild von Edward Hopper, zitiert nach: https://www.deutschlandfunkkultur.de/lob-der-einsamkeit-wir-sind-jetzt-alle-ein-bild-von-edward-100.html [Zugriff am 14.03.2022].

126 Uwe Timm: Die Erde, der Himmel, die Wolken, in: U.T.: Uwe Timm Lesebuch. Die Stimme beim Schreiben (Hrsg. von Martin Hielscher). München 2005, S. 458-466, S. 460.

127 Marquard, Plädoyer für die Einsamkeitsfähigkeit, S. 119.

128 Georg Simmel: Die Großstädte und das Geistesleben. Frankfurt am Main 2006, S. 9.

129 Lea Haller: Zeiten der Einsamkeit, in: NZZ Geschichte. 17. Ausgabe vom 5.7.2018, S. 58-81, S. 80.

130 Marcus Tullius Cicero: An seine Freunde. Buch IX, Brief VI (IV) an Varro (Lateinisch – deutsch, hrsg. und übersetzt von Helmut Kasten). 5. Auflage. Düsseldorf und Zürich 1997, S. 497. (»Si hortum in bybliotheca habes, deerit nihil«)

131 Francis Bacon: Über Gärten, in: F.B.: Essays oder praktische und moralische Ratschläge (Übersetzung von Elisabeth Schücking. Herausgegeben von Levin L. Schücking). Ditzingen 1980, S. 155-163, S. 155.

132 Stefan Zweig: Die Schachnovelle. 52. Auflage. Frankfurt am Main 2004, S. 55.

133 Haller, Zeiten der Einsamkeit, S. 64.

134 Pascal, Gedanken, S. 82.

135 Eduard Hanslick: Vom Musikalisch-Schönen. Leipzig 1854, S. 32.

136 Zitiert aus dem Artikel »Dostoevskij«, in: Kindlers Neues Literaturlexikon. Band 4 (Hrsg. von Walter Jens). München 1998, S. 803-826, S. 807.

137 Werner, Alphabet des Lebens, S. 218.

138 Ferdinand von Schirach: Schuld. Stories. 9. Auflage. München 2017, S. 153-159.

139 Ebda., S. 159.

140 Ebda., S. 153. Die wörtliche Rede des Originals wird in diesem Zitat aus ästhetischen Gründen nicht durch doppelte Anführungszeichen wiedergegeben!

141 Ebda., S. 159.

142 Edgar Allen Poe: Werke. Band 2 (Hrsg. von Kuno Schuhmann und Hans Dieter Müller, aus dem Englischen von Arno Schmidt und Hans Wollschläger). Frankfurt am Main und Leipzig 2008, S. 713.

143 Ebda., S. 717.

144 Ebda., S. 720.

145 Arendt, Denktagebuch, S. 443.

146 Zitiert nach Ulf Poschardt: Einsamkeit. Die Entdeckung eines Lebensgefühls. 3. Auflage. München 2006, S. 137.

147 Hans von Hentig: Der Desperado. Ein Beitrag zur Psychologie des regressiven Menschen. Berlin – Göttingen – Heidelberg 1956, S. 5.

148 Der bizarre Tod des David Carradine, in: rp-online.de; https://rp-online.de/panorama/leute/der-bizarre-tod-des-david-carradine_aid-12233523 [Zugriff am 4.4.2022]

149 Uwe Timm: Am Beispiel meines Bruders. Köln 2003, S. 9.

150 Ebda., S. 21.

151 Vgl. Reinhard Wilczek: Erzählen als ›existenziale‹ Kategorie. Reflexionen zur Ästhetik des Narrativen bei Uwe Timm. In: Volker Wehdeking / Anne-Marie Corbin (Hrsg.): Deutschsprachige Erzählprosa seit 1990 im europäischen Kontext. Trier 2003, S. 163-178, S. 165.

152 Vgl. das Schlusswort von Svendsen, Philosophie der Einsamkeit, S. 233.

153 Zimmermann, Über die Einsamkeit, S. 173.

154 Ebda., S. 71.

155 Ebda., S. 106.

156 Ernst Jünger: Der Waldgang. 11. Auflage. Stuttgart 2001, S. 67.

157 Zimmermann, Über die Einsamkeit, S. 136.

158 Svendsen, Philosophie der Einsamkeit, S. 205.

159 Ebda., S. 201.

160 Ebda., S. 51.

161 Ebda., S. 185.

162 Friedrich Schiller: Sämtliche Werke (Hrsg. von Gerhard Fricke und Herbert G. Göpfert). Fünf Bände. München 1993, Band 5, S. 400.

163 Konrad Paul Liessmann: Schönheit. Wien 2009, S. 37.

164 Vgl. den Beginn des 8. Kapitels „Paradiese der Einsamkeit", S. 43.

165 Noreena Hertz: Das Zeitalter der Einsamkeit. Über die Kraft der Verbindung in einer zerfaserten Welt (Aus dem Englischen von Sabrina Sandmann und Andrea Schmittmann). 2. Auflage. Hamburg 2021, S. 294.

166 Ebd., S. 295f.

167 Ebd., S. 295.

168 Ebd., S. 207.

169 Ebd., S. 149.

170 Yuval Noah Harari: 21 Lektionen für das 21. Jahrhundert. 6. Auflage (Aus dem Englischen von Andreas Wirthensohn). München 2020, S. 397.

171 Ebda., S. 402.

172 Ebda., S. 405.

173 Ebda., S. 402.

174 László Födélnyi: Dostojewski liest Hegel in Sibirien und bricht in Tränen aus (Aus dem Ungarischen von Hans Skirecki). 3. Auflage. Berlin 2018, S. 53.

175 Hans Blumenberg: Arbeit am Mythos. 5. Auflage. Frankfurt am Main 1996, S. 41.

Zeitfracht Medien GmbH
Ferdinand-Jühlke-Straße 7
99095 Erfurt, Deutschland
produktsicherheit@kolibri360.de